Wie kann eine glückliche Ehe gelingen?

Ādl Fathi Abdullāh

Ilm Verlag

Münsterstr. 141

44145 Dortmund

Tel.: (+49) 0231 – 580 90 65

Fax: (+49) 0231 – 910 901 48

Internet: www.ilm-verlag.de

www.darulilm.de

E-Mail: info@ilm-verlag.de

Umschlagsgestaltung: Basari Design

Im Dienste der deutschsprachigen Muslime

ISBN: 978-3-944537-22-1

1. Auflage, Schawal 1438, Juni 2017

Autor: Ādl Fathi Abdullāh

Übersetzung: Umm Layla

Herausgeber: Erden Karsli

Inhaltsverzeichnis

Vorwort

Alles Lob gebührt Allāh ﷻ, der Friede und der Segen mögen auf Seinem Gesandten sein. Die Notwendigkeit des zwischenmenschlichen Zusammenlebens ist eine bezeichnende Eigenschaft des Menschen.

Das Familienleben ist das grundlegenste und heiligste Fundament des zwischenmenschlichen Zusammenlebens. Gemäß der Aussage des Qur'āns gehört es zu den Zeichen Allāhs ﷻ, dass zwei Menschen verschiedenen Geschlechts auf der Basis von Zuneigung und Barmherzigkeit zusammen kommen, um zu heiraten und eine Familie zu gründen.[1] Als Folge der Bedeutung der Familie für die Menschheit sind diejenigen, die der Menschheit schaden wollen, insbesondere bestrebt, die Institution der Familie zu zerstören. Im Qur'ān wird dieser Sachverhalt wie folgt erwähnt:

„Wenn er sich abkehrt, bemüht er sich eifrig darum, auf der Erde Unheil zu stiften und Saatfelder und Nachkommenschaft zu vernichten. Aber Allāh liebt nicht das Unheil."[2]

Die in dem Vers erwähnten Saatfelder stehen für die Wirtschaft, während der Begriff der Nachkommenschaft auf die Familie abzielt.

Insbesondere in einer Zeit, in der moralische Werte völlig ignoriert und die Religion schlichtweg aus dem Leben der Menschen ausgeschlossen werden, spielt die häufige Betonung der Bedeutung der Familie eine wichtige Rolle.

---

[1] Siehe Sure Ar-Rūm, 30:21.

[2] Al-Baqara, 2:205.

Dabei stellen der Qur'ān und das Beispiel des Propheten ﷺ zwei unerlässliche Maßstäbe dar.
Im Qur'ān findet die Verantwortung, die der Menschheit zur Bewahrung des familiären Zusammenlebens auferlegt wurde, folgende Erwähnung:
„O die ihr glaubt, bewahrt euch selbst und eure Angehörigen vor einem Feuer, dessen Brennstoff Menschen und Steine sind."[3]
Im Qur'ān werden vor allem familienbezogene Themen sehr detailliert behandelt, sodass es viele umfassende Regelungen zu den jeweiligen Angelegenheiten, wie das Stillen des Säuglings bishin zur Verteilung des Nachlasses, gibt.[4] Dies ist aufgrund der Bedeutung der Familie, die diesen Regelungen zugrunde liegt.

Der ehrenwerte Prophet ﷺ gilt für uns sowohl in seinen Beziehungen zu seinen Gattinnen als auch durch seine Aussprüche in Bezug auf das Thema der Familie als umfassendes und ausgezeichnetes Vorbild. Dazu gehören jene *Ahādīth*[5], die uns in erster Linie diesbezüglich auffallen, in denen er ﷺ äußerte, dass er der beste gegenüber seinen Ehefrauen war[6], und die Wichtigkeit des Heiratens betonte[7], sowie die Beendigung des Familienbunds, d.h. die Scheidung, für erlaubt erklärte,

---

[3] At-Taḥrīm, 66:6.
[4] Yaman Ahmet, „Das Familienrecht im Islam", Istanbul, 1999, S.8.
[5] Plural von Hadīth.
[6] Ibn Mājah, *Nikāh*, 50.
[7] Al-Bukhārī, *Sawm*, 10; *Nikāh*, 2-3; Muslim, *Nikāh*, 1; Abū Dāwūd, *Nikāh*, 1; Ibn Mājah, *Nikāh*, 1.

jedoch merkte er an, dass das verhassteste des Erlaubten für Allāh ﷻ die Scheidung ist[8].
Die Hervorhebung der Befehle und Empfehlungen in unserer Religion im Hinblick auf die Familie stellt für uns eine verpflichtende Aufgabe dar, da heutzutage die Ehe, die vom Propheten ﷺ mit den Worten *„Es gibt für die Liebenden nichts, was ihr (der Ehe) gleich kommt“*[9] gelobt wurde, herabgewürdigt wird und schandhafte Beziehungen überall verbreitet sind, wohingegen bestehende Ehen wegen Banalitäten zu Ende gehen. Aus diesem Grund stellen wir euch die Übersetzung einer Lektüre vor, die auf praktische Weise die Probleme, die zwischen Ehepartnern entstehen können, behandelt.

Wir glauben, dass diese Arbeit angesichts des enormen Anstiegs der Zahl der Scheidungen, die aus den Statistiken hervorgeht, einen erheblichen Nutzen im Leben der Familien bewirken wird, auch wenn in unserer Übersetzung einige Mängel vorhanden sind. Selbst wenn sie zum Frieden in nur einer einzigen Wohnung beiträgt, so zählt dies für uns zum größten Erfolg.

In der Hoffnung, dass diese Arbeit für unser Volk zu einem praktischen Handbuch wird, bitten wir Allāh, den Erhabenen, dass Er uns alle davon profitieren lässt, und wir ersuchen Seine Vergebung für unsere Fehler. Der Erfolg kommt von Allāh ﷻ.

---

[8] Abū Dāwūd, *Talāq*, 3; Ibn Mājah, *Talāq*, 1.
[9] Ibn Mājah, *Nikāh*, 1.

"Unser Herr, schenke uns an unseren Gattinnen und unseren Nachkommenschaften Grund zur Freude, und mache uns für die Rechtschaffenen zu einem Vorbild."[10]

Der (türkische) Übersetzer

[10] Al-Furqān, 25:74.

Vorwort des Autors

Alles Lob gebührt Allāh ﷻ, der uns aus einem einzigen Wesen schuf, und aus ihm seine Gattin schuf, und der die Ehe anhand des Verses *„...sie mit euch ein festes Abkommen getroffen haben“* zu einem festen Abkommen erklärte.
Der Friede und der Segen mögen auf dem Propheten sein, der den Eheleuten mit den Worten *„Ein gläubiger Ehemann soll niemals seine gläubige Frau hassen. Wenn er eine bestimmte Angewohnheit an ihr nicht mag, so mag er doch eine andere bei ihr finden, die ihm gefällt.“*[11], die Geduld und die Nachsicht anempfohlen hat.

Nach der Erscheinung unserer Bücher „Wie lebt man eine glückliche Ehe“ und „Die Wege, die in das Herz deines Ehepartners führen“ baten uns einige Geschwister diese Reihe mit einem Buch über „Eheprobleme“ zu beenden und sie gaben uns dazu ein paar Anregungen, diese Ausführung über innerfamiliäre Konflikte auf einer wissenschaftlichen Grundlage zu erarbeiten. Sodann gingen wir mit der Unterstützung Allāhs ﷻ an die Arbeit, um euch dieses bescheidene Werk vorzustellen.

Während unserer Recherchen nahmen wir uns einer ausgeglichenen Methode an, zwischen (pessimistischen) Psychologen, die Nachforschungen über Ehe, Eheprobleme und Konflikte zwischen Ehepartnern betreiben und die Ehe als „Krise oder Problem“ definieren,

[11] Überliefert bei Muslim.

und (überaus optimistischen) Personen, die bestimmte Wunschvorstellungen darlegen und das Eheleben als problemlosen und perfekten Lebensbereich betrachten. Wir haben versucht, die Definitionen an der richtigen Stelle anzuwenden und uns auf die bestehenden Probleme zu konzentrieren, wobei wir unnötige Ausschweifungen vermieden und die Beurteilung der Fälle dem islamischen Recht überlassen haben. Wir sind der Meinung, dass sich die Lösung diverser Konflikte innerhalb einer Ehe, ohne sich an die Quellen der Religion zu wenden, als äußerst schwierig gestaltet. Die Einhaltung der Gebote und Verbote des Islāms, sowie ein Leben, das den Anordnungen Allāhs ﷻ entspricht, werden die Eheleute vor jeglicher Ungerechtigkeit und Fehlverhalten bewahren, und die Menschen zu einem respektvollen Umgang mit ihren Ehepartnern und zur Vermeidung von Unrecht anhalten. Diese Sache beinhaltet alle wichtigen Elemente, die das Eheleben vor allen möglichen Gefahren schützen. Denn die Gottesfurcht ist gegenüber jeder anderen Art von Maßnahme vorrangiger und wirksamer.

Während wir euch dieses Buch vorstellen, erblicken wir am Horizont mit guten Dingen beladene Wolken, die uns die frohe Botschaft über bevorstehende schöne Tage verkünden, an denen unsere Wohnungen eine Quelle des Vertrauens und Friedens sein und wir unsere Kinder auf der höchsten Stufe des *Akhlāqs* erziehen werden.

Uns obliegt die ständige Lobpreisung Allāhs ﷻ. Wir bitten Ihn, unsere Bemühungen anzunehmen, die Menschheit von unserer Arbeit profitieren zu lassen und unsere Fehler zu vergeben.

Einführung
Ist eine problemlose Ehe möglich?

Zweifellos ist eine glückliche Ehe der Wunsch aller Menschen, ob Frau oder Mann. Doch Probleme, die im Eheleben häufig auftreten und das Leben von Mann und Frau schwer erträglich machen, sind die Realität einer Ehe, obwohl jeder Einzelne auf eine glückliche Ehe abzielt, die fern von diesen Problemen ist. Dieser Zustand wirft die Frage auf: „Ist eine problemlose Ehe möglich?"

Bevor wir eine schnelle Antwort auf diese Frage äußern, möchten wir anmerken, dass eine Ehe mit diversen Problemen unvermeidlich ist. Jemand, der behauptet, dass ihm diese Probleme nicht widerfahren werden, wird gewiss mit diesen konfrontiert werden.

Wir halten zunächst einmal fest, dass in einer glücklichen Ehe gewisse Probleme unvermeidbar sind, jedoch stellt sie gleichzeitig einen Lebensabschnitt dar, in der die Liebe zwischen Eheleuten im Laufe der Zeit geläutert und die eheliche Beziehung gefestigt werden. Die Ehe ist ein Bund zwischen zwei verschiedenen Geschlechtern. Und es gehört zu Seinen Zeichen, dass Allāh ﷻ sie nicht mit den exakt gleichen Wesenszügen und Merkmalen erschaffen hat. Es sind die Unterschiede dieser Wesenszüge und Charaktereigenschaften, die die jeweiligen Probleme zwischen den Eheleuten auslösen. Um es zusammenzufassen, können wir folgendes sagen:

Das Vorhandensein von Problemen zwischen Ehepartnern ist ein akzeptabler Zustand und es besteht kein Grund zur Angst und Sorge. Mit Hilfe dieses Buches streben wir die Lösung von anhaltenden Konflikten an, welche zu ständigen Diskussionen über wichtige oder unwichtige Themen führen, und Hass und Spannungen verursachen. Diese Art von Auseinandersetzungen zwischen Ehepartnern ist inakzeptabel.

In erster Linie dürfen die Ehepartner ihre Verschiedenheiten nicht als destruktives, sondern sie müssen sie als konstruktives Werkzeug auffassen, das die Fundamente ihrer Ehe festigt. Mit Hilfe dieser Auffassung wird jeder die Wesenszüge, den Charakter und die unterscheidenden Merkmale seines Lebenspartners verstehen, indem er versucht, eine innere Bindung und gegenseitige Ergänzung zu erreichen. Dieser Zustand des Bewusstseins wird den Ehepaaren ermöglichen, sich während ihrer Diskussionen zu beherrschen. Angesichts dieser Situation erwartet jede Seite von der anderen, im praktischen Leben von ihren Idealvorstellungen, deren Verwirklichung in der Realität unmöglich erscheint, abzulassen, und einen Konsens in Bezug auf bestimmte Pläne und Verhaltensweisen zu erstreben.

Jeder einzelne Verheiratete sollte nicht vergessen, dass jede Ehe ein Gewinn, eine Gunst, eine gegenseitige Unterstützung, ein gemeinsames Verständnis, eine starke Liebe und Zuneigung ist. Im edlen Qur'ān wird dies folgendermaßen ausgedrückt:

„Und es gehört zu Seinen Zeichen, dass Er euch aus euch selbst Gattinnen erschaffen hat, damit ihr bei ihnen Ruhe findet; und Er hat Zuneigung und Barmherzigkeit zwischen euch gesetzt. Darin sind wahrlich Zeichen für Leute, die nachdenken."[12]

Meine geehrten Geschwister, beachtet den Ausdruck im Vers *„und Er hat Zuneigung und Barmherzigkeit zwischen euch gesetzt"* und vergesst nicht, dass das größte Bedürfnis der Verheirateten während der Ehe Liebe, die keiner Gegenleistung bedarf, Harmonie, Unterstützung, Zuneigung, Zusammenhalt, Verständnis, Aufopferung, Milde, Geduld, Nachsicht, Nähe und Großzügigkeit sind.

Außerdem dürfen die Ehepartner nicht außer Acht lassen, dass der *Shaytān* zur Umsetzung seiner Schlechtigkeiten seine Helfer zusammenruft, und unter diesen Schlechtigkeiten kommt an erster Stelle das Stiften von Zwietracht zwischen Mann und Frau. Der Prophet ﷺ erzählte diese Tatsache wie folgt:
"Der Thron von Iblīs ist auf dem Meer und er sendet seine Truppen aus um Fitna (Übel, Zwietracht,) zu verbreiten unter den Leuten. Der Größte (bzw. Beste) von ihnen, aus seiner Sicht, ist derjenige, der am meisten Fitna verursacht. Einer der Satane kehrt nach einer Mission zurück und berichtet Iblīs: ‚Ich habe diesen und jenen nicht in Ruhe gelassen, bis er Unzucht begangen hat!' Iblīs antwortet darauf: ‚Du hast nichts vollbracht! Denn er kann seine Tat bereuen.' So kommt ein anderer und sagt: ‚Ich habe diesen und jenen nicht verlassen ohne ihn von seiner Frau zu trennen.' So nähert sich Iblīs diesem

---

[12] Ar-Rūm, 30:21.

Satan und erhöht seine Rangstufe bei ihm und sagt zu ihm: ‚Wie gut es doch ist, was du vollbracht hast!'"[13]

I. Eheliche Konflikte zwischen dem Propheten ﷺ und seinen Gattinnen [14]

Selbst der Prophet ﷺ erlebte gewisse Probleme in den Beziehungen mit seinen Gattinnen. Der vorzüglichste Diener ﷺ bei Allāh ﷻ sagte, als er mit der Mutter der Gläubigen, seiner liebsten Ehefrau 'Ā'isha رضي الله عنها sprach: *„Oh 'Ā'isha, ich weiß doch genau, wann du mit mir zufrieden bist, und wann du mit mir unzufrieden bist!"* Als 'Ā'isha رضي الله عنها fragte, wie er dies feststellen konnte, entgegnete er: „Wenn du mit mir zufrieden bist, sagst du: ‚Nein, beim Herrn des Muhammad!' Und wenn du über mich verärgert bist, sagst du: ‚Nein, beim Herrn des Ibrāhīm.' Daraufhin sagte 'Ā'isha رضي الله عنها zu ihm: „Das stimmt! Bei Allāh, oh Gesandter Allāhs, ich vermied dabei nichts anderes als deinen Namen auszusprechen!"[15] Wenn 'Ā'isha رضي الله عنها verärgert war, (um möglicherweise ihre Verärgerung zu zeigen) vermied sie lediglich seinen Namen auszusprechen, doch ihr Herz war erfüllt von der Liebe zum Gesandten Allāhs ﷺ.

---

[13] Muslim, *Sifāt al-Munāfiqīn*, 67.

[14] Diese Formulierung, dass der Prophet ﷺ Probleme mit seinen Gattinnen hatte, mag auf den ersten Blick merkwürdig erscheinen. Wenn man jedoch seine Vorbildsfunktion für die Gläubigen vor Augen führt, spielen diese Konflikte eine wichtige Rolle, um den Gläubigen effiziente Lösungswege zu vermitteln. (Anmerkung des türkischen Übersetzers)

[15] Al-Bukhārī, *Nikāh*, 108.

Einmal stritten sich der Prophet ﷺ und seine Frau 'Ā'isha ؓ. Um das Problem zu lösen, sollte ihr Vater Abū Bakr ؓ zwischen ihnen entscheiden. Da sagte der Prophet ﷺ zu 'Ā'isha ؓ: *„Möchtest du, dass ich zuerst erzähle, oder möchtest du beginnen?"* 'Ā'isha ؓ entgegnete: „Erzähle du zuerst, sprich aber die Wahrheit." Da wurde Abū Bakr ؓ wütend über die Worte 'Ā'ishas ؓ und er schlug ihr ins Gesicht, sodass ihre Nase anfing zu bluten. Daraufhin versteckte sich 'Ā'isha ؓ hinter dem Propheten ﷺ, der zu Abū Bakr ؓ sagte: *„Wir haben dich nicht gerufen, damit du so etwas tust.."*[16]

Ein anderer Vorfall ereignete sich, als die Gattinnen gegenüber dem Propheten ﷺ einige Forderungen äußerten, doch der Prophet ﷺ konnte ihre Forderungen nicht erfüllen, da er zu diesem Zeitpunkt nichts besaß. Jābir ؓ erzählte diese Geschichte wie folgt: „Zu einem Zeitpunkt, als den Menschen kein Einlass beim Gesandten Allāhs ﷺ gewährt wurde, bat Abū Bakr ؓ den Propheten ﷺ um Einlass und er trat nach Erhalt der Erlaubnis ein. Dann bat 'Umar ؓ um Einlass und er trat nach Erhalt der Erlaubnis ein. Er fand den Propheten ﷺ umgeben von seinen Frauen traurig und schweigsam dasitzend vor. Da sagte 'Umar ؓ: ‚Ich werde etwas erzählen, das den Propheten ﷺ zum Lachen bringen wird: Oh Gesandter Allāhs, würdest du sehen, dass Bint Khārija[17] mich um Geld bittet, würde ich zu ihr gehen und

---

[16] Al-Albānī, *Tahrīj Ahādīth Ihyā'*, 2/46.
[17] 'Umars Frau.

sie auf den Hals schlagen.‘ Da lachte der Gesandte Allāhs ﷺ, sodass seine Zähne sichtbar wurden, und sagte: ‚*Die mich umgeben bitten mich um Geld.*‘ Da ging Abū Bakr رضي الله عنه zu ‘Ā’isha رضي الله عنها und ‘Umar رضي الله عنه ging zu Hafsa رضي الله عنها, um diese zu tadeln. Beide sagten: ‚Bittet ihr den Gesandten Allāhs um etwas, was er nicht hat!‘ Da entgegneten sie: ‚Bei Allāh, wir fragen den Gesandten Allāhs niemals um etwas, was er nicht hat.‘ Der Prophet ﷺ trennte sich fast einen vollen Monat von seinen Frauen. Daraufhin wurden die Worte des Erhabenen offenbart: ***>>O Prophet, sag zu deinen Gattinnen: Wenn ihr das diesseitige Leben und seinen Schmuck haben wollt, dann kommt her, ich werde euch eine Abfindung gewähren und euch auf schöne Weise freigeben. Wenn ihr aber Allāh und Seinen Gesandten und die jenseitige Wohnstätte haben wollt, so hat Allāh für diejenigen von euch, die Gutes tun, großartigen Lohn bereitet.<<***[18]

Als diese Worte offenbart wurden, wandte sich der Prophet ﷺ zuerst an seine Frau ‘Ā’isha رضي الله عنها und sagte: ‚*Oh ‘Ā’isha! Ich will dich etwas fragen; lass dir Zeit mit der Antwort, berate dich mit deinen Eltern und entscheide dann.*‘ Er berichtete ihr dann von Allāhs Gebot und trug diesen Vers vor. Sie antwortete: ‚Soll ich das meine Eltern fragen? Ich wähle Allāh und Seinen Gesandten und das ewige Leben des Jenseits.‘ Danach ging er zu jeder seiner anderen Frauen und fragte dasselbe und bekam jeweils dieselbe Antwort. Schließlich sagte der Prophet ﷺ: ‚*Allāh hat mich*

[18] Al-Ahzāb, 33:28-29.

nicht als Unterdrücker und Tyrannen gesandt, sondern vielmehr, um zu lehren und zu erleichtern.'"[19]

Ein anderes Mal nahm der Prophet ﷺ das Benehmen einer seiner Ehefrauen übel und er hielt sich einige Monate von ihr fern. 'Ā'isha رضي الله عنها berichtete darüber folgendes: „Das Kamel von Safīya war krank. Der Gesandte Allāhs ﷺ bat Zainab, ihr ein Kamel zu geben, da sie ein weiteres besaß. Als Zainab mit den Worten entgegnete: ‚Soll ich mein Kamel dieser Tochter des Juden geben!', tadelte der Gesandte Allāhs ﷺ sie und mied sie daraufhin mehr als zwei Monate lang.'"[20]

Einmal kam Abū Bakr رضي الله عنه zum Gesandten Allāhs ﷺ, als er hörte, wie seine Tochter 'Ā'isha رضي الله عنها mit lauter Stimme zu dem Propheten ﷺ sprach. Er trat ein und rief zu ihr: „Du erhebst also deine Stimme gegenüber dem Gesandten Allāhs?", und wollte sie schlagen. Der Prophet ﷺ hinderte Abū Bakr رضي الله عنه daran, 'Ā'isha رضي الله عنها zu schlagen, woraufhin Abū Bakr رضي الله عنه verärgert fortging. Da sagte der Prophet ﷺ zu 'Ā'isha رضي الله عنها: *„Hast du gesehen, wie ich euch auseinander gehalten habe?"* Nach einigen Tagen bat Abū Bakr رضي الله عنه um Einlass und betrat die Wohnstätte des Propheten ﷺ. Als er sah, dass sich der Prophet und 'Ā'isha رضي الله عنها versöhnt hatten, sagte er: „Ihr habt mich an eurer Auseinandersetzung teilhaben lassen und jetzt lasst

---

[19] Muslim, *Talāq*, 19.
[20] Abū Dāwūd, *Sunnah*, 3.

ihr mich an eurem Frieden teilhaben." Der Gesandte Allāhs ﷺ erwiderte: *„Ja, das tun wir."*[21]

Der Gesandte Allāhs ﷺ behandelte seine Ehefrauen mit sehr viel Zartgefühl und er kannte ihre charakterlichen Eigenschaften ganz genau. Er war in Bezug auf ihre Eifersucht untereinander besonders geduldig.

Die Quellen berichten von diversen Auseinandersetzungen, die sich unter den Gattinnen des Propheten ﷺ, welche die Mütter der Gläubigen waren, aufgrund der Eifersucht, die sie untereinander empfanden, ereigneten.

Hier folgt die Geschichte von 'Ā'isha رضي الله عنها, die eifersüchtig auf Safīya رضي الله عنها war, und sich in der Gegenwart des Propheten ﷺ negativ über Safīya رضي الله عنها äußerte. 'Ā'isha رضي الله عنها berichtete:

„Wir befanden uns mit dem Gesandten Allāhs ﷺ auf einer Reise. Der Gesandte Allāhs ﷺ hatte seine Ehefrauen allesamt mitgenommen. Die Last meines Kamels war leicht und zudem war mein Kamel kräftig. Doch wir kamen nur langsam voran, da sich das Kamel von Safīya langsam bewegte und eine schwere Last trug. Um die Strecke schneller zurückzulegen, gab der Prophet ﷺ eine Anordnung, indem er sagte: *‚Ladet die Last 'Ā'ishas auf das Kamel von Safīya und die Last Safīyas auf das Kamel von 'Ā'isha.'* Als ich dies hörte, rief ich: ‚Oh Diener

---

[21] Abū Dāwūd, *Adab,* 84.

Allāhs! Kommt mir zur Hilfe. Diese Tochter des Juden ist wohl wertvoller beim Gesandten Allāhs als wir.' Der Prophet ﷺ entgegnete: ,*Oh 'Ā'isha, wir haben diese Änderung vorgenommen, weil deine Last leicht und die Last Safīyas schwer ist, und die Karawane langsam vorankommt.'* Ich sagte: ,Du bist doch der Gesandte Allāhs.' Darauf sagte er: ,*Zweifelst du daran, oh 'Ā'isha?'* Ich entgegnete: ,Wenn du sagst, dass du der Gesandte Allāhs bist, so musst du gerecht sein.' Als mein Vater Abū Bakr رضي الله عنه meine Worte hörte, wandte er sich zu mir, um mein Gesicht zu schlagen, da sagte der Gesandte Allāhs ﷺ: ,*Beruhige dich, oh Abū Bakr.'*, und hielt ihn auf. Abū Bakr رضي الله عنه sagte: ,Hast du nicht gehört, was sie gesagt hat, oh Gesandter Allāhs?' Da sagte der Gesandte Allāhs ﷺ schließlich: ,*Eine eifersüchtige Person ist nicht imstande, den Boden einer Schlucht zu erkennen, selbst wenn sie auf den höchsten Gipfel steigt.'*"[22]

Einmal heckten 'Ā'isha رضي الله عنها und Hafsa رضي الله عنها einen Plan aus, mit dem sie den Gesandten Allāhs ﷺ sehr verletzten und worüber Verse offenbart wurden, die bis zum Tag der Auferstehung rezitiert werden würden. Im Folgenden hören wir uns die Geschichte von 'Ā'isha رضي الله عنها persönlich an:

Der Prophet ﷺ pflegte bei Zainab bint Jahsh zu bleiben und bei ihr Honig zu essen. Da verabredeten Hafsa und ich miteinander, dass diejenige von uns beiden, zu welcher der Prophet ﷺ als nächstes kommen würde, zu ihm sagen

---

[22] Abū Ya'lā, *Musnad*, 8 / 129-130. Dieser Hadīth stellt eine äußerst wichtige Erkenntnis dar, um aufzuzeigen, wie bestimmte negative Eigenschaften, wie (einige Arten der) Eifersucht und Neid die Menschen zu Vorurteilen und falschen Entscheidungen treiben. (Anmerkung des türkischen Übersetzers)

soll: ‚Du riechst nach Maghafir. Hast du Maghafir gegessen?' Als er nun zu einer von ihnen ging, sagte sie dies zu ihm. Da erwiderte er: *‚Nein, ich habe keinen Maghafir gegessen. Ich habe bei Zainab Honig gegessen, aber ich werde ihn nie wieder essen.'*"[23] Darauf wurden die folgenden Verse der Sure At-Tahrīm offenbart.[24]

„O Prophet, warum verbietest du, was Allāh dir erlaubt hat, indem du danach trachtest, die Zufriedenheit deiner Gattinnen zu erlangen? Und Allāh ist Allvergebend und Barmherzig. Allāh hat ja für euch festgelegt, womit eure Eide zu lösen sind. Und Allāh ist euer Schutzherr, und Er ist der Allwissende und Allweise. Als der Prophet einer seiner Gattinnen eine Mitteilung im geheimen anvertraute. Als sie sie dann kundtat und Allāh es ihm offen darlegte, gab er (ihr) einen Teil davon bekannt und überging einen (anderen) Teil. Als er es ihr nun kundtat, sagte sie: >>Wer hat dir das mitgeteilt?<< Er sagte: >>Kundgetan hat (es) mir der Allwissende und Allkundige.<< Wenn ihr beide euch in Reue zu Allāh umkehrt - so werden eure Herzen sich ja (der Aufrichtigkeit) zuneigen - ... Und wenn ihr einander gegen ihn beisteht, so ist Allāh sein Schutzherr; und Jibrīl,

---

[23] Diese Haltung des Propheten ﷺ, dass er seine Ehefrauen nicht einmal mit übelriechenden Dingen belästigen wollte, zeigt ein Niveau der Höflichkeit und Vornehmheit auf, dass die moderne Welt niemals zu erreichen vermag. (Anmerkung des türkischen Übersetzers)

[24] At-Tahrīm, 66:1-4. Die in dem dritten Vers erwähnte Antwort des Propheten ﷺ *„Ich habe Honig gegessen"* heißt gemäß einer anderen Überlieferung *„Bei Allāh, ich werde von dem Honig nicht mehr essen. So erzähle niemandem davon."* Siehe: al-Wāhidī: *Asbāb an-Nuzūl*, S. 344-346, Kairo, 2003.

die Rechtschaffenen von den Gläubigen, und die Engel werden darüber hinaus (ihm) Beistand sein."

'Ā'isha ﷺ und Hafsa ﷺ glaubten, dass sie durch ihren gemeinsamen Plan den Propheten ﷺ daran hindern konnten, eine lange Zeit bei Zainab ﷺ zu verweilen und Honig zu essen. Ihr Vorhaben rührte von ihrer Eifersucht auf Zainab ﷺ her. Doch der Plan hatte nicht funktioniert und die Ereignisse hatten sich gewendet. Der Wendepunkt, der den Plan völlig veränderte, war der Moment, als Hafsa ﷺ das Geheimnis des Gesandten Allāhs ﷺ 'Ā'isha ﷺ weitererzählte. Denn die Sure At-Tahrīm erzählt mit dem Ausdruck „Als sie sie dann kundtat" davon, dass Hafsa ﷺ das Geheimnis 'Ā'isha ﷺ mitteilte, und das Geheimnis waren die Worte des Propheten ﷺ „Bei Allāh, ich werde von dem Honig nicht mehr essen. So erzähle niemandem davon." In der Fortsetzung des Verses teilt Allāh ﷻ mit, dass Er Seinem Gesandten die Ereignisse kundgetan hat, und im Weiteren werden 'Ā'isha ﷺ und Hafsa ﷺ zur Reue gerufen.

Es wurde sogar berichtet, dass der Prophet ﷺ nach diesem Vorfall Hafsa ﷺ geschieden hatte, und als der Vers ***„Weist sie nicht aus ihren Häusern aus; sie sollen auch nicht selbst ausziehen, außer, sie begehen etwas klar***

Abscheuliches."[25], herabgesandt wurde, sie wieder zurücknahm.

Hinsichtlich der Eifersucht der Gattinnen des Propheten ﷺ gab es noch viele andere Fälle, die sich ereignet hatten. Jedoch begnügen wir uns mit den oben angeführten Geschichten, die für diejenigen, welche die Ehe als problemlosen Lebensbereich verstehen, der fern von jeglichen Konflikten und Auseinandersetzungen ist, eine wichtige Lektion und einen aufrichtigen Rat beinhalten.

Trotz dieser Konflikte waren die Ehen des Propheten ﷺ eine Quelle der Ruhe, Glückseligkeit und Liebe, wohingegen ihre Konflikte nichts anderes, als Beispiele waren, die wichtige Lektionen für uns darstellen. Denn als 'Ā'isha رضي الله عنها gefragt wurde, wie die Beziehung des Gesandten Allāhs ﷺ zu seinen Gattinnen war, antwortete sie: „Er ﷺ war wie jemand von euch. Doch er war der beste und liebevollste unter den Menschen, der mit seinem lächelnden Gesicht am meisten Freude verbreitete."[26]

---

[25] At-Talāq, 65:1. Es wurde überliefert, dass Hafsa رضي الله عنها als geschiedene Frau das Haus des Propheten ﷺ verlassen hatte und zum Haus ihres Vaters gegangen war, woraufhin dieser Vers herabgesandt wurde. al-Wāhidī, a.a.O., S. 362.
[26] Ibn Sa'd, *Ṭabaqāt*, I, S. 365, Beirut, 1985.

II. Beispiele für eheliche Konflikte aus dem Leben der Sahāba[27]

1. Das Verhalten des Propheten ﷺ bei der Schlichtung des Streits zwischen 'Alī ﷺ und seiner Tochter Fātima ﷺ

Eines Tages ging der Gesandte Allāhs ﷺ hinaus, um seine Tochter Fātima ﷺ zu besuchen. Als er sah, dass sein Schwiegersohn 'Alī ﷺ nicht zu Hause war, fragte er seine Tochter: *„Wo ist der Sohn deines Onkels?"* Fātima ﷺ antwortete: „Wir hatten einen Ehestreit, woraufhin er verärgert war und das Haus verlassen hat." Der Gesandte Allāhs ﷺ wies Sahl ibn Sa'd ﷺ an, 'Alī ﷺ zu suchen. Sahl ﷺ sagte: „Er liegt in der Moschee, oh Gesandter Allāhs ﷺ." Der Prophet ﷺ begab sich dann zu ihm, wo er 'Alī ﷺ liegend in der Moschee vorfand und sein Rücken voller Staub war, da seine Robe von seinem Körper heruntergefallen war. Der Gesandte Allāhs ﷺ half ihm, sich aufzurichten und sagte: *„Setze dich, Abū Turāb!"* Sahl ibn Sa`d ﷺ berichtete, dass der bei 'Alī ﷺ beliebtste Name „Abū Turāb (= Vater des Staubes)" war, wie der Gesandte

[27] Die Angabe von Beispielen aus dem Leben der *Sahāba* im Hinblick auf dieses Thema ist eine äußerst angebrachte Methode. Denn im Qur'ān steht: ***„Ihr seid die beste Gemeinschaft, die für die Menschen hervorgebracht worden ist."*** (Āl-i-'Imrān, 3:110) Der Gesandte Allāhs ﷺ bezeichnete sie als auserwählte Gemeinschaft unter den Menschen. (Ahmad ibn Hanbal, *Musnad,* III, S. 470-471; IV, S. 265-266) (Anmerkung des türkischen Übersetzers)

Allāhs ﷺ ihn genannt hatte.[28] Der Prophet ﷺ rief seinen Schwiegersohn 'Alī رضي الله عنه auf, wieder nach Hause zurückzukehren, indem er mit ihm scherzte und sich mit ihm einigte. Die Güte und das Bekümmertsein des Propheten ﷺ um seinen Schwiegersohn ist vorbildlich für alle Schwiegereltern überhaupt, die es unbedingt vermeiden sollten, Druck auf ihre Schwiegersöhne auszuüben.

In unserem Umfeld begegnen wir häufig Schwiegereltern, die ihre Tochter dem Schwiegersohn vorenthalten und in Bezug auf die Rückkehr ihrer Tochter Druck auf ihn ausüben, damit er seine Familie und Verwandten als Vermittler fungieren lässt. Mithilfe dieser Methode glaubt der Schwiegervater seinem Schwiegersohn eine Lektion zu erteilen, auf dass er seine Tochter nie wieder schlecht behandeln werde, jedoch bewirkt seine Verhaltensweise möglicherweise genau das Gegenteil. Beispielsweise kann sich die Situation aufgrund der Haltung der Schwiegereltern verschlechtern, denn der Schwiegersohn wird den Druck seiner Schwiegereltern nicht hinnehmen wollen, sodass er seine Hartnäckigkeit vermehren und sogar das Scheitern seiner Ehe in Kauf nehmen wird. Der Schwiegervater hingegen muss sich entscheiden, ob er seine Tochter zu ihrem Gatten zurückschicken, oder ob er der Grund für die Zerstörung ihrer Ehe sein möchte, wobei es keinen anderen Ausweg für ihn gibt, außer diese beiden Optionen.

---

[28] Al-Bukhārī, *Salāt*, 58; *Fadā'il as- Sahāba*, 9; *Adab*, 113; Muslim, *Fadā'il as- Sahāba*, 38.

2. Eine Frau kam zum Propheten ﷺ, um sich über ihren Gatten Safwān ibn al-Mu'attal ﷺ zu beschweren[29]

Die Ehefrau von Safwān رضي الله عنه kam zum Gesandten Allāhs ﷺ, um sich über ihren Ehemann zu beklagen. Sie führte ihre Klagepunkte in Bezug auf drei Angelegenheiten an: „Oh Gesandter Allāhs, mein Ehemann Safwān رضي الله عنه schlägt mich, während ich bete, er zwingt mich mein Fasten zu brechen, während ich (freiwillig) faste, und er betet das Morgengebet (*Fajr*) nicht, bis die Sonne aufgegangen ist." Der Gesandte Allāhs ﷺ wandte sich zu der anwesenden Menge, in der sich auch Safwān رضي الله عنه befand, und so befragte er ihn über das, was sie gesagt hatte. Daraufhin antwortete Safwān رضي الله عنه:

„Oh Gesandter Allāhs, der Grund, weshalb ich ihr während des Gebets wehtue, ist, dass sie im Gebet zwei Suren liest, obwohl ich ihr mehrmals gesagt habe (, dass der Gesandte Allāhs ﷺ gesagt hat, dass die Rezitation einer Sure genügt). Der Grund, weshalb ich sie am freiwilligen Fasten hindere, ist, dass sie ununterbrochen fastet. Denn ich bin noch jung und ich bin manchmal nicht imstande, mich zu gedulden. (Darauf empfahl der Gesandte Allāhs ﷺ, dass eine Frau ihren Ehemann um Erlaubnis bitten muss, wenn sie beabsichtigt (freiwillig) zu

[29] Dass eine Frau gegenüber dem Propheten ﷺ auf unkomplizierte Weise ihre Probleme äußern konnte, war die Folge der Freiheiten der Frauen, die der Islām ihnen zugestand, ihre legitimen Rechte zu erlangen.

fasten. Und der Grund, weshalb ich das Morgengebet erst dann bete, wenn die Sonne aufgegangen ist, lautet: Wir sind Leute, die nachts ihrer (beruflichen) Tätigkeit nachgehen. Da wir spät zu Bett gehen, wachen wir nicht auf, bevor die Sonne aufgegangen ist." Daraufhin sagte der Prophet ﷺ zu Safwān رضي الله عنه, dass er beten solle, wenn er aufwacht.[30] Wenn wir diesen Fall genauer betrachten, erkennen wir, dass sich der Gesandte Allāhs ﷺ beide Seiten angehört hatte. Daher ist es in solchen Situationen wichtig zu vermeiden, eine voreilige Entscheidung zu treffen, ohne die andere Seite angehört zu haben. Wenn wir nur die Beschwerden der Frau berücksichtigen würden, so würde man annehmen, dass der Ehemann sie an der Verrichtung von Handlungen der Anbetung Allāhs عز وجل hindern und sie zum Ungehorsam bewegen wolle. Doch nachdem die Antworten beider Seiten angehört worden sind, kam die Wirklichkeit des Problems zum Vorschein. Durch die häufige Verrichtung freiwilliger gottesdienstlicher Handlungen behinderte die Erfüllung einige seiner festgeschriebenen Rechte im Islām. Demnach sollte sich ein Mensch nicht zum Ziel setzen, dass er den ganzen Tag betet, fastet und den Qur'ān rezitiert. Vielmehr ist eine Person dazu angehalten, ihre Taten der Anbetung in dem Maße fortzusetzen, wie der *Īmān*, die *Taqwā* und die

---

30 Abū Dāwūd, *Sawm*, 74. Die Anweisung des Propheten ﷺ, zu beten, sobald man aufwacht, ist ein Urteil, das aufgrund einer Notwendigkeit getroffen wurde. Im Normalfall ist der Zeitpunkt für das Morgengebet (*Fajr*) eine festgesetzte Zeit, die es zu beachten gilt. Doch wenn man aufgrund bestimmter Ursachen nicht imstande ist, ein Gebet zur rechten Zeit zu verrichten, so ist man verplichtet, das Gebet bei der ersten Gelegenheit zu beten.

schönen Charaktereigenschaften erhalten bleiben und die Seele nicht ins Wanken gerät.[31]

Natürlich kann auch das Gegenteil des oben genannten Falles vorliegen. Das heißt, wenn nicht die Ehefrau, sondern der Mann sich vollständig seinem Gottesdienst (*'Ibādah*) hingegeben hat und aus diesem Grund den Rechten seiner Gattin nicht nachkommt. Der Fall von Abū ad-Dardā' ist ein passendes Beispiel für diese Situation.

---

[31] Der Muslim sollte ein Mensch der Mitte sein. Das Vorbild des Propheten ﷺ legte stets eine Haltung bzw. einen Weg der Mitte dar. Die folgenden Verse aus dem Qur'ān verdeutlichen, wie die Haltung des Gläubigen in Bezug auf die Angelegenheiten des Diesseits und des Jenseits sein muss. (Anmerkung des türkischen Übersetzers)
Al-Baqara, 2:200-201: ***„Wenn ihr dann eure Riten vollzogen habt, dann gedenkt Allāhs, wie ihr eurer Väter gedenkt, oder mit noch innigerem Gedenken. Unter den Menschen gibt es manch einen, der sagt: >>Unser Herr, gib uns im Diesseits!<< Doch hat er am Jenseits keinen Anteil. Unter ihnen gibt es aber auch solche, die sagen: >>Unser Herr, gib uns im Diesseits Gutes und im Jenseits Gutes, und bewahre uns vor der Strafe des (Höllen)feuers!<<“***
Al-Qasas, 28:77: ***„Sondern trachte mit dem, was Allāh dir gegeben hat, nach der jenseitigen Wohnstätte, vergiss aber auch nicht deinen Anteil am Diesseits. Und tue Gutes, so wie Allāh dir Gutes getan hat. Und trachte nicht nach Unheil auf der Erde, denn Allāh liebt nicht die Unheilstifter."***

3. Die Vernachlässigung der Ehefrau durch Abū ad-Dardā' رضي الله عنه

Der Gesandte Allāhs ﷺ stiftete Bruderschaft[32] zwischen Salmān al-Fārisī رضي الله عنه und Abū ad-Dardā' رضي الله عنه. Eines Tages besuchte Salmān رضي الله عنه (seinen Bruder) Abū ad-Dardā' رضي الله عنه und sah, dass (seine Frau) Umm ad-Dardā' رضي الله عنها ungepflegte Kleidung trug. Salmān رضي الله عنه fragte sie: „Was ist mit dir los?" Sie sagte ihm: „Dein Bruder Abū ad-Dardā' hat dieser Welt eine Absage erteilt." Als später Abū ad-Dardā' رضي الله عنه bei Salmān رضي الله عنه zu Besuch war, bereitete dieser ein Essen für ihn vor und sagte zu ihm: „Iss (mit mir)!" Abū ad-Dardā' رضي الله عنه antwortete: „Ich faste!" Salmān رضي الله عنه entgegnete: „Ich werde das Essen nicht berühren, bis du selbst mit mir isst!" Da aß Abū ad-Dardā' رضي الله عنه mit ihm. Als die Nacht kam, entfernte sich Abū ad-Dardā' رضي الله عنه, um zu beten. Salmān رضي الله عنه sagte zu ihm: „Lege dich hin und schlafe!" Abū ad-Dardā' رضي الله عنه legte sich hin und schlief. Nach einer Weile stand er auf, um zu beten. Salmān رضي الله عنه sagte abermals zu ihm: „Lege dich wieder hin und schlafe!" Im letzten Teil der Nacht sagte Salmān رضي الله عنه zu ihm: „Jetzt darfst du aufstehen!" Hier dann verrichteten die beiden das Gebet zusammen, und Salmān رضي الله عنه sagte anschließend: „Wahrlich, dein Herr hat Rechte dir gegenüber und für deinen Körper gibt es auch Rechte, die du berücksichtigen sollst. Und die Deinen haben Recht auf

---

[32] Die Bruderschaft (*Mu'ākhāt*) zwischen den *Ansār* in Medina und einigen der *Muhājirīn* war eine Anordnung des Propheten ﷺ, die aufgrund sozialer und wirtschaftlicher Faktoren verwirklicht wurde.

dich, so gib jedem Berechtigten sein Recht. Abū ad-Dardā' رضي الله عنه kam dann zum Gesandten Allāhs ﷺ und erzählte ihm davon. Der Gesandte Allāhs ﷺ sagte zu ihm: *„Salmān sagte die Wahrheit!“*[33]

Möge Allāh عز وجل barmherzig mit Abū ad-Dardā' رضي الله عنه sein. Er war imstande gewesen, ohne Weiteres die Freuden des diesseitigen Lebens zu meiden. Seine Freunde beurteilten ihn so und er war in der Tat einer von jenen, die im Wettbewerb des Trachtens nach dem Jenseits vorne lagen. Jedoch belegt diese Tatsache nicht, dass sein Verhalten angebracht war, indem er seine Ehefrau vernachlässigte und die Erfüllung ihrer grundlegenden Bedürfnisse zum Leben missachtete.

An dieser Stelle müssen wir beachten, dass Abū ad-Dardā' رضي الله عنه seine Ehefrau vernachlässigt hatte, damit er sich vollständig seinem Gottesdienst hingeben konnte. Heutzutage jedoch ist der Ehrgeiz in Bezug auf das diesseitige Leben stärker geworden und Ehepartner werden für das Diesseits vernachlässigt, um noch mehr Besitz zu erlangen. Diese allgemeine Haltung in der heutigen Zeit beherbergt große Gefahren, die sowohl die Familie und die Beziehung zwischen Eheleuten, als auch die gesamte Gesellschaft zugrunde gehen lassen können.[34]

---

[33] Al-Bukhārī, *As-Sawm,* 28/1968. Ähnliche Ermahnungen wie diese im Hadīth äußerte auch der Prophet ﷺ gegenüber bestimmten Gefährten, die beabsichtigten, ununterbrochen zu beten und zu fasten, und sich nicht mehr ihren Frauen zu nähern.

[34] Diese Feststellung des Autors ist äußerst relevant. Denn das Familienleben stellt das wichtigste Verantwortungsfeld dar, das nicht vernachlässigt werden darf. Deshalb sollte sich jeder seiner Verantwortung gegenüber den Personen,

4. Die Beschwerde der Ehefrau von 'Uthmān ibn Maz'ūn ﷺ

Wie Umm ad-Dardā' ﷺ, kam auch die Ehefrau von 'Uthmān ibn Maz'ūn ﷺ zum Gesandten Allāhs ﷺ, um sich mit ähnlichen Klagen über ihren Ehemann zu beschweren. Die Gattinnen des Propheten ﷺ schauten die Frau mit verwunderten Blicken an, da sie in einem ungepflegten Zustand und alter Kleidung erschienen war. Sie fragten die Frau: „Was ist mit dir los?" Sie antwortete, dass ihr Mann am Tage stets fastet und in der Nacht durchbetet und sie daher vernachlässigt. Nachdem dem Gesandten Allāhs ﷺ die Worte der Frau berichtet wurden, suchte er ﷺ 'Uthmān ibn Maz'ūn ﷺ auf und sagte: *„Bin ich denn kein Vorbild für dich?"* 'Uthmān ibn Maz'ūn ﷺ sagte: „Möge mein Leben für dich geopfert werden, oh Gesandter Allāhs, du bist mein einziges Vorbild." Nach entsprechend mäßigenden Hinweisen des Propheten ﷺ stellte er diese Praxis ein und widmete sich auch wieder seiner Ehefrau. Später sah man, dass seine Ehefrau einen besseren Zustand hatte.[35]

Abū Nu'aim ﷺ berichtete einen ähnlichen Vorfall von 'Abdullāh ibn 'Amru ibn al-'Ās ﷺ. Demnach fragte der

---

für die er verantwortlich ist, bewusst sein, so wie es in dem Hadīth heißt: *„Jeder von euch ist ein Hüter und verantwortlich für seine Herde..."* Für den Hadīth siehe: Al-Bukhārī, *Jumu'a,* 11/893; Muslim, *Imārah,* 33/3408. (Anmerkung des türkischen Übersetzers)

[35] Ibn Sa'd, a.a.O. 3/394. Gemäß einer anderen Überlieferung wurde die Absicht 'Uthmān ibn Maz'ūns ﷺ, sich seiner Frau zu enthalten, damit er sich seinem Gottesdienst widmen konnte, vonseiten des Propheten ﷺ abgelehnt. Siehe Muslim, *Nikāh,* 6-8. (Anmerkung des türkischen Übersetzers)

Gesandte Allāhs ﷺ ihn: *„Fastest du jeden Tag?"* Dieser antwortete: „Ja." Dann fragte der Prophet ﷺ weiter: *„Und verbringst du die ganze Nacht im Gebet?"* Als er bejahte, sagte der Gesandte Allāhs ﷺ: *„Was mich aber angeht, so bin ich bei Allāh unter euch derjenige, der Allāh am meisten fürchtet, und der Ihm gegenüber am frömmsten ist. Dennoch faste ich und breche mein Fasten, bete ich und gehe schlafen, und heirate die Frauen. Wer sich von meiner Sunnah abwendet, der gehört nicht zu mir!"*[36]

5. Eine Frau, die unachtsam gegenüber fremden Männern war

Ein Mann kam zum Gesandten Allāhs ﷺ und beklagte sich über seine Ehefrau, die sich locker gegenüber anderen Männern verhielt. Als der Gesandte Allāhs ﷺ ihm empfahl, sie zu scheiden, entgegnete der Mann: „Ich befürchte, dass ich nicht imstande sein werde, die Trennung von ihr zu ertragen." Daraufhin wies der Gesandte Allāhs ﷺ den Mann an, geduldig mit seiner Frau umzugehen.[37]

Selbstverständlich darf von diesem Hadīth nicht verstanden werden, dass die Ehefrau Unzucht begangen hat. Die Beschwerde des Mannes betraf den zwischenmenschlichen Umgang der Frau mit anderen Männern, da sie ihre Scham nicht hütete und keine

[36] Siehe für ähnliche Überlieferungen: Al-Bukhārī, *Nikāh,* 1; Muslim, *Nikāh,* 5.
[37] an-Nasā'ī, *Talāq,* 34.

Anstrengungen unternahm, um sich vor ihnen zu schützen. Wenn hier die Rede davon gewesen wäre, dass die Frau Unzucht begangen hatte, so hätte der Prophet ﷺ dem Mann nicht empfohlen, seine Frau zu behalten und geduldig mit ihr zu sein. Denn die Fortdauer einer Ehe mit einer Unzuchttreiberin ist ein Fall, der nicht empfohlen werden kann.

Bei der Ehefrau, über die sich der Mann beschwerte, handelte es sich um eine Frau, die zwar einige unachtsame Verhaltensweisen besaß, jedoch ehrenhaft und sittsam genug war, um nicht den Fehler zu begehen, in die Sünde der Unzucht zu fallen. Doch leider war sie sich aufgrund ihrer Erziehung nicht bewusst, dass ihr Verhalten nicht in Ordnung war.

Dem äußeren Anschein dieses Vorfalls nach war die Frau neu im Islām, sodass sie die Grundsätze und Regelungen des Islāms in Bezug auf das Benehmen noch nicht vollständig in ihrem Verhalten umsetzen konnte. Da sich in ihrem Verhalten noch Überreste aus ihrer vorislamischen Zeit widerspiegelten, hatte es ihr Ehemann für nötig befunden, seine Unzufriedenheit gegenüber dem Propheten ﷺ zu äußern. Daraufhin sagte ihm der Prophet ﷺ, dass er seine Frau scheiden könne, weil er ihm seine bedrückende Situation erleichtern und ihn nicht dazu verpflichten wollte, eine gespannte Ehe mit einer Person, deren Verhalten er nicht ertragen konnte, weiterzuführen. Doch als der Prophet ﷺ die Liebe und Verbundenheit des Mannes gegenüber seiner Ehefrau erkannte und die negativen Folgen der Scheidung für diesen Mann erahnen konnte, wies er ihn an, sich nicht von seiner Frau zu trennen, sondern geduldig mit ihr zu sein. Hier fällt die Vorgehensweise des Propheten ﷺ auf, das kleinere zweier Übel auszuwählen. Die Empfehlung des Propheten ﷺ, die Ehefrau zu behalten, ist eine wichtige Gelegenheit für die Frau, mit der Zeit ihr Verhalten und ihre Haltung zu korrigieren.[38]

6. Ein Sahābī, der nachts von einer Reise heimkehrte und sah, dass neben seiner Frau eine weitere Person schlief

In den Quellen wurde überliefert, dass ein *Sahābī* in der Nacht von einer Reise zurückkam und bei seiner Ehefrau eintrat. Da begegnete er einer großen Person, die im Zimmer seiner Ehefrau schlief. Schnell zog er sein Schwert aus der Scheide, um die Person zu erschlagen, doch er hielt inne. Das Schwert auf seine Frau richtend fragte er sie: „Wer ist das?" Seine Frau antwortete: „Sie ist eine Friseurin. Sie war für meine Haar- und Körperpflege gekommen. Doch als es spät geworden war, musste sie hier übernachten." Daraufhin ging dieser *Sahābī* zum Gesandten Allāhs ﷺ und erzählte ihm, was sich ereignet

[38] Der oben angeführte Vorfall zeigt uns, welche bedeutende Rolle die Liebe im Fortbestehen einer Familie spielt, und gleichzeitig legt er uns nahe, dass ohne die Anwendung von Gewalt bei innerfamiliären Problemen das Befolgen der Ratschläge einer Autoritätsperson, zur Lösung der Konflikte beitragen kann. (Anmerkung des türkischen Übersetzers.)

hatte. Der Gesandte Allāhs ﷺ sagte: *„Wenn jemand von euch für lange Zeit abwesend war, sollte er seine Familie nachts nicht überraschen."*[39] Laut einer anderen Überlieferung verbot der Gesandte Allāhs ﷺ, dass der Mann seine Ehefrau nachts überrascht, damit sie die Gelegenheit hat, sich um ihre persönliche Körperpflege zu kümmern und sich zurecht zu machen.[40]

Nachts sind die Frauen im Allgemeinen unvorbereitet, da es die Zeit des Schlafens ist. Aus diesem Grund sollte der Ehemann seine Frau benachrichtigen, damit diese sich für ihren Gatten zurechtmachen und ihn auf angemessene Weise willkommen heißen kann.

In einem Zeitalter der Kommunikation, in der sich die technischen Kommunikationsmittel rasant weiterentwickelt haben, ist es für einen Menschen nicht schwierig, per Anruf seine Ankunftszeit mitzuteilen.

---

[39] An-Nawawī, *Riyād as-Sālihīn*, Hadīth-Nr. 985; Überliefert bei Al-Bukhārī und Muslim.

[40] Muslim, *Imārah*, 180-185. Während diese Ahādīth die Muslime anweisen, ihre Familienmitglieder nicht zu beunruhigen, empfehlen sie gleichzeitig der Frau an, gepflegt gegenüber dem Ehemann zu erscheinen. Insbesondere in der heutigen Zeit sollten Ehemänner, die aufgrund ihrer beruflichen Tätigkeit für lange Zeit nicht nach Hause kommen können, den Zeitpunkt ihrer Heimkehr ankündigen. Dieser Aspekt des Hadīth' bildet einen Bezug zur heutigen Zeit. (Anmerkung des türkischen Übersetzers)

7. Eine Frau, die sich von ihrem Ehemann trennen wollte

Die Frau[41] von Thābit ibn Qais ibn Shammas ﵁ kam zum Propheten ﷺ und sagte zu ihm: „Oh Gesandter Allāhs, ich habe nichts gegen Thābit Ibn Qais auszusetzen, weder seines Charakters noch seines Glaubens wegen. Aber ich hasse es, mich als Muslima wie eine Ungläubige zu benehmen." Das heißt, dass die Frau festgestellt hatte, dass sie ihre ehelichen Verpflichtungen ihrem Ehemann gegenüber nicht erfüllen konnte, und dass sie keine Sünde auf sich laden wollte, deshalb begehrte sie die Scheidung. Der Gesandte Allāhs ﷺ sagte: *„Bist du bereit, ihm seinen Obstgarten zurückzugeben?"* Sie sagte: „Ja!" Der Gesandte Allāhs ﷺ sagte dann zu Thābit Ibn Qais ﵁: *„Nimm den Obstgarten an und vollziehe von ihr eine einmalige[42] Scheidung."*[43]

Es kann manchmal vorkommen, dass eine Frau eine übermäßige Abneigung gegenüber ihrem Ehemann empfindet und ein weiteres Zusammenleben mit ihm ausschließt. In solchen Situationen darf eine Frau unter einer gegenseitigen Vereinbarung von ihrem Ehemann die

---

[41] Hierbei handelte es sich um Jamīla bint Ubayy ibn Salūl.

[42] Eine einmalige Scheidung lässt zu, dass die beiden wieder die Ehe fortsetzen können, wenn der Widerruf der Scheidung innerhalb der Wartefrist (*'Iddah*) der Frau erfolgt. Ein *Khul'a* ist also nicht wie der Fall vom *Li`ān*, der eine Wiederheirat zwischen den beiden ausschließt.

[43] Al-Bukhārī, *Talāq*, 12. Im islamischen Recht spricht man in solchem Fall von *Khul'a* (= sich zurückziehen), indem die Ehefrau ihrem Mann die Brautgabe, im obigen Fall den Obstgarten, zurückgibt. Es hängt in jedem Fall von der Abmachung ab, die sie mit ihrem Mann zur Auflösung der Ehe getroffen hat.

Scheidung fordern. Denn die Fortsetzung der Ehe erschwert sowohl das religiöse als auch das weltliche Leben der Frau. Überdies können in einem solchen Umfeld die Ziele nicht erreicht werden, welche durch die Ehe bezweckt wurden.

Bei genauer Betrachtung dieser Ereignisse kommt eine weitere Schönheit des Islāms zum Vorschein. Obwohl die Scheidung im Islām nicht befürwortet wird und bei Allāh ﷻ verhasst ist[44], wurde die Scheidung nicht verboten. Während einer Ehe können sich schwer erträgliche Situationen bilden, in denen das Ehepaar diverse Konflikte durchlebt und sich aufgrund von kleinen oder großen Problemen streitet. Sicherlich kann in solchen Fällen von der Familie nicht erwartet werden, ihre Ziele zu verwirklichen. In so einem schwierigen Familienumfeld begegnen Kinder häufig Problemen, wodurch ihre Entwicklung beeinträchtigt wird.[45]

---

[44] Der diesbezügliche Hadīth lautet wie folgt: *„Das verhassteste des Erlaubten für Allāh ist die Scheidung."* Abū Dāwūd, *Talāq*, 3; Ibn Mājah, *Talāq*, 1.

[45] Deshalb ist es wichtig, sich diese Tatsachen vor Augen zu halten, denn im Islām wird die Scheidung weder empfohlen noch ist sie verboten. (Anmerkung des türkischen Übersetzers)

8. Eine Frau, die zu dem Mann, der sie geschieden hatte, zurückkehren wollte

Die Frau von Rifa'a al-Qurazi kam zum Gesandten Allāhs ﷺ und erzählte ihm, dass sie mit Rifa'a verheiratet gewesen war, der sich aber unwiderruflich von ihr geschieden hatte. Als ihre Wartezeit verging, heiratete sie 'Abd ar-Rahmān ibn az-Zubair رضي الله عنه, der jedoch gewisse sexuelle Probleme hatte. Daraufhin fragte der Gesandte Allāhs ﷺ sie: *„Willst du etwa zu Rifa'a zurück?"* Als sie mit „Ja" antwortete, sagte der Gesandte Allāhs ﷺ zu ihr, dass ihr die Heirat mit dem ersten Gatten nicht erlaubt ist, solange sie in ihrer zweiten Ehe keinen Geschlechtsverkehr mit ihrem Ehemann vollzogen hat.[46]

Viele Männer handeln voreilig in der Beendigung ihrer Ehe trotz ihrer Liebe zur Ehefrau und der Kinder. Sobald die Anzahl der Scheidungen vervollständigt wird und die Fortsetzung der Ehe nicht mehr möglich ist, entstehen ungewollte Situationen, in denen der Mann versucht, das Gesetz, welches Allāh عز وجل bestimmt hat, zu umgehen und verschiedene Wege zu finden, um seine Frau zurückzunehmen. Einer dieser Auswege besteht darin, einen Freiwilligen zu finden, der seine geschiedene Frau heiratet und sich anschließend wieder von ihr scheidet,

---

[46] Al-Bukhārī, *Shahādah,* 3. In der islamischen Rechtswissenschaft ist die unwiderrufliche Trennung von Mann und Frau auf die dreifache Scheidung begrenzt. Die erneute Heirat mit dem Ex-Mann ist erst dann wieder möglich, wenn die Frau nach der dreifachen Scheidung mit einem anderen Mann heiratet und sich unter normalen Bedingungen von ihm scheiden lässt. Der Beweis für diese Regelung ist der 229. und der 230. Vers der Sure Al-Baqara.

damit er sie selbst wieder heiraten kann. Doch der Prophet ﷺ verfluchte offenkundig denjenigen, der Teil einer solchen Abmachung ist, um eine Frau wieder erlaubt für ihren früheren Ehegatten zu machen, und denjenigen, der diesen Weg beschreitet.[47]

Allāh, der Erhabene, hat die Begrenzung der Scheidung (auf drei) so bestimmt, auf dass die Eheleute Lehren daraus ziehen und sich ermahnen lassen mögen. Außerdem werden sie somit daran gehindert, die Scheidung als ein Werkzeug zu betrachten, das sie bei jeder kleinen oder großen Auseinandersetzung benutzen können.[48]

---

[47] Abū Dāwūd, *Nikāh,* 15; Ibn Mājah, *Nikāh,* 33; an-Nasā'ī, *Talāq,* 13. Wie bereits erwähnt wurde, ist gemäß dem islamischen Recht nach der Verwirklichung einer dreifachen Scheidung für eine Frau die Rückkehr zu ihrem früheren Gatten erst nach dem Vollzug einer normalen Ehe mit einem anderen Mann möglich. Jedoch darf diese zweite Ehe nicht mit dem Ziel der Rückkehr zum Ex-Mann durch Trug vollzogen werden. (Anmerkung des türkischen Übersetzers)

[48] In der vorislamischen Zeit war der Mann befugt, sich unbegrenzt von seiner Frau scheiden zu lassen und sie beliebig oft wieder zurückzunehmen. Der Islām brachte den Frauen durch die Begrenzung auf eine dreifache Scheidung eine bedeutende Veränderung. Auf diese Weise wurden die Männer daran gehindert, die Scheidung als Druckmittel und Unterdrückungswerkzeug gegen die Frauen zu verwenden. (Anmerkung des türkischen Übersetzers)

9. Der Prophet ﷺ befahl 'Abdullāh ibn 'Umar ﷺ, seine geschiedene Ehefrau zurückzunehmen

'Abdullāh ibn 'Umar ﷺ berichtete, dass er zur Zeit des Gesandten Allāhs ﷺ die Scheidung gegenüber seiner Frau aussprach, während sie ihre Monatsregel hatte. Da fragte (sein Vater) 'Umar ibn al-Khattāb ﷺ den Gesandten Allāhs ﷺ, der daraufhin sagte: *„Befehle ihm, dass er sein eheliches Verhältnis mit seiner Frau wiederherstellt und mit ihr solange wie üblich lebt, bis sie von ihrer Regel frei ist. Dann soll er solange warten, bis sie ihre Regel wieder hat und dann davon wieder frei wird. Hier dann kann er die Entscheidung darüber treffen, ob er die Ehe mit ihr aufrecht erhält, oder sich für die Scheidung entscheidet, bevor er sie berührt. Dies ist die Wartezeit für die Frau, welche Allāh für ihre Scheidung vorgeschrieben hat."*[49]

Dieser Hadīth beinhaltet das Verbot, die Ehefrau während ihrer Menstruation und der Reinheitsphase zu scheiden, wenn der Mann darin bereits Geschlechtsverkehr mit seiner Frau hatte. Diese verbotene Art der Scheidung heißt

---

[49] Al-Bukhārī, *Talāq,* 1; Muslim, *Talāq,* 1. Der Gesandte Allāhs ﷺ verwies hier auf den ersten Vers der Sure At-Talāq. In dem betreffenden Vers wird erklärt, dass man sich unter Berücksichtigung ihrer Wartezeit von einer Frau scheiden lassen kann. Die Berücksichtigung der Wartezeit einer Frau hängt mit dem Grundsatz der Reinheitsphase zusammen, nur in der die Frau geschieden werden darf. Die Erlaubnis, eine Frau während der Reinheitsphase zu scheiden, stellt ein psychologisches Hindernis dar, um die Verlängerung der Wartezeit einer Frau, sowie eine emotionale Entscheidung des Mannes zu verhindern. (Anmerkung des türkischen Übersetzers)

in der islamischen Rechtslehre *Talāq Bid'ī,* d.h. sie (die Scheidung) entspricht nicht der Sunnah.[50]

Dieses Verbot gehört wahrlich zu den Zeichen der Barmherzigkeit Allāhs ﷻ Seinen Dienern gegenüber. Denn während dieser Phase erlebt die Frau diverse physiologische und psychische Veränderungen. Des Weiteren kann sich das Verhalten einer Frau während dieser Phase verändern, wodurch es häufig zum Konflikt mit dem Ehemann kommt. Aus diesem Grund befiehlt Allāh, der Erhabene, den Männern, während dieser Phase geduldig im Umgang mit ihren Ehefrauen zu sein und Nachsicht in Bezug auf ihre schwankenden Verhaltensweisen zu üben, damit die Frauen diese Phase einfacher überstehen. Überdies wird eine Scheidung während der Menstruationsphase als Ungerechtigkeit angesehen, da sich auf diese Weise die Wartezeit der Frau verlängert.[51]

---

[50] Trotz des Verbots dieser Art von Scheidungen stimmten die islamischen Rechtsgelehrten überein, dass eine Scheidung während dieser Phasen dennoch gültig ist.

[51] Die Scheidung während der Menstruation ist gültig, jedoch beginnt die Wartezeit der Frau erst nach ihrer Menstruation. Da die Phase der Menstruation, in der die Scheidung erfolgte, nicht als Beginn der Zeit, welche die Frau abzuwarten hat, bestimmt werden darf, verlängert sich die gesamte Wartezeit der Frau. (Anmerkung des türkischen Übersetzers)

10. Eine Frau, die ihren Ehemann verleumdete, und ihre Bestrafung

Kahmas al-Hilālī berichtete den folgenden Vorfall: „Während ich mit 'Umar ﷺ zusammensaß, kam eine Frau, die sich gegenüber von 'Umar ﷺ setzte und sagte: ‚Oh Führer der Gläubigen, die Wohltaten meines Mannes sind weniger geworden, während sich seine Schlechtigkeiten vermehrt haben.' 'Umar ﷺ fragte nach dem Namen ihres Mannes. Als er erfuhr, dass es sich um Abū Salama ﷺ handelte, sagte er: ‚Er ist ein *Sahābī* und er ist ein wahrhaftiger Mensch.' Die anwesenden Leute bestätigten die Worte 'Umars ﷺ. 'Umar ﷺ entsandte einen Mann, um Abū Salama ﷺ rufen zu lassen. Währenddessen setzte sich die Frau von Abū Salama ﷺ irgendwo auf einen Platz hinter 'Umar ﷺ. Nach einer Weile kehrte der Bote mit Abū Salama ﷺ zurück, der neben 'Umar ﷺ Platz nahm. 'Umar ﷺ fragte Abū Salama ﷺ: ‚Was sagt diese Frau, die hinter mir sitzt? (Weißt du etwas darüber?)' Als Abū Salama ﷺ fragte: ‚Welche Frau?', entgegnete 'Umar ﷺ: ‚Deine Frau.' Dann fragte Abū Salama ﷺ weiter: ‚Nun, was sagt sie denn über mich?' 'Umar ﷺ antwortete: ‚Sie behauptet, dass deine Wohltaten weniger und deine Schlechtigkeiten mehr geworden sind.' Daraufhin sagte Abū Salama ﷺ: ‚Wahrlich, dies sind üble Worte, die sie gesprochen hat, oh Führer der Gläubigen. Obwohl sie doch mit einem Mann verheiratet ist, der ein recht harmonisches Verhältnis zu den Frauen[52] in ihrem Umfeld pflegt. Sie ist unter den Frauen diejenige, welche die meisten Kleider besitzt, und auch ist sie diejenige, die in dem schönsten Haus lebt. Sie ist nur etwas alt geworden.' 'Umar ﷺ wandte sich erneut zu der Frau und sagte: ‚Was sagst du (nun)?' Da bestätigte die Frau die Worte ihres Mannes. Daraufhin sagte 'Umar ﷺ zu ihr: ‚Oh du Feindin deiner Seele, du hast von dem Besitz deines Mannes gelebt und deine Jugend verloren, und nun kommst du mit Unwahrheiten über ihn daher.' Die Frau entgegnete: ‚Sachte sachte, oh Führer der Gläubigen. Bei Allāh, ich werde nie wieder herkommen.' 'Umar ﷺ ordnete an, dass der Frau drei Kleider gegeben werden sollten, und sagte: ‚Nimm diese an für das, was ich dir getan habe. Beschwere dich aber nie wieder über deinen alten Ehemann.'[53] (Der Überlieferer dieses Ereignisses, Kahmas al-Hilālī, sagte, dass er sich daran erinnerte, wie die Frau die Kleider genommen hatte und weggegangen war, als ob es gestern gewesen wäre.)

Danach wandte sich 'Umar ﷺ Abū Salama ﷺ zu und sagte ihm: ‚Behandle sie nicht schlecht aufgrunddessen, wie ich mit ihr umgegangen bin.' Und Abū Salama ﷺ äußerte,

---

[52] Hiermit sind die anderen Ehefrauen von Abū Salama ﷺ gemeint. Somit geht hervor, dass Abū Salama ﷺ mit mehr als einer Frau verheiratet war. (Anmerkung des türkischen Übersetzers)

[53] Möglicherweise bedauerte 'Umar ﷺ seine Härte gegenüber der Frau, sodass er auf diese Weise verfuhr. Die Haltung 'Umar ﷺ stellt ein wichtiges Beispiel für die Lösung der Probleme der Menschen dar, ohne diese anzufahren oder zu kränken. Bei einer gegenteiligen Reaktion hingegen besteht die Gefahr, dass der Mensch seinen Mut verliert, so wie es bei der Frau der Fall war. (Anmerkung des türkischen Übersetzers)

dass er niemals seine Frau schlecht behandeln werde.[54] (Kahmas al-Hilālī erzählte weiter:) Danach wandte sich 'Umar رضي الله عنه zurück zu den Anwesenden und berichtete den folgenden Hadīth des Propheten ﷺ:

>>Die Besten meiner Ummah sind von meiner Generation, dann jene, die ihnen (direkt) folgen, dann jene, die ihnen (direkt) folgen. Dannn wird eine Generation erscheinen, die bereit sein wird, ein Zeugnis abzulegen, ohne danach gefragt worden zu sein. Sie werden verräterisch und unzuverlässig sein. Sie werden Schwüre als Versprechen ablegen, aber sie niemals erfüllen und die Fettleibigkeit wird an ihnen sichtbar sein.<<[55]"

11. Eine Frau, welche die Erlaubnis bekam, zu lügen

Gemäß einer Überlieferung bei at-Tabarī (rh) nahm eines Tages Abu Gharza Ibn Abī al-Arqam رضي الله عنه mit zu seiner Wohnstätte, wo er seine Frau fragte: „Hasst du mich?" Seine Frau bejahte. Daraufhin fragte Ibn Abī al-Arqam رضي الله عنه Abu Gharza, warum er dies fragte. Abu Gharza antwortete: „Weil die Menschen schlecht über mich

---

[54] Diese Ermahnung an Abū Salama رضي الله عنه ist von großer Bedeutung. Denn sie zeigt die Wertschätzung der Frau und stellt gleichzeitig ein wichtiges Beispiel für das Vermeiden innerfamiliärer Konflikte dar. Autoritäten, welche die entsprechenden Befugnisse haben, sollten ihre Ansätze zur Lösung der innerfamiliären Konflikte anhand des Beispiels von 'Umar رضي الله عنه bedenken. (Anmerkung des türkischen Übersetzers)

[55] Überliefert im *Sahīh*.

reden."[56] Als Ibn Abī al-Arqam رضي الله عنه 'Umar رضي الله عنه davon berichtete, sandte er Abu Gharza eine Nachricht, worin er ihn über den Grund seines Handelns befragte. Doch Abu Gharza gab ihm dieselbe Antwort. Daraufhin ließ 'Umar رضي الله عنه dessen Frau rufen, die mit ihrer Tante väterlicherseits erschien, welche niemand kannte. Ihre Tante schärfte ihr ein, dass, wenn 'Umar رضي الله عنه sie über den Vorfall befragen sollte, sie antworten solle: „Ich hielt es nicht für angebracht, meinen Mann zu belügen, da er mich zuvor diesbezüglich einen Schwur sprechen ließ." Als nun 'Umar رضي الله عنه die Frau nach dem Grund fragte, weshalb sie ihrem Ehemann auf diese Weise geantwortet hatte, sprach die Frau jene Worte, die sie sich eingeprägt hatte. Doch 'Umar رضي الله عنه riet der Frau folgendes: „Es ist euch (in solchen Situationen) erlaubt, zu lügen und schöne Worte zu sprechen.[57] Denn nicht jede Ehe gründet sich auf Liebe. Dennoch ist es möglich, eine eheliche Beziehung unter Berücksichtigung der Vorschriften des Islāms weiterzuführen."

'Umar رضي الله عنه nahm hier einen Hadīth über die Situationen, in denen das Lügen erlaubt ist, zur Grundlage, und handelte somit nicht gegen die Sunnah.[58]

---

[56] Mit dieser Äußerung war gemeint, dass Abu Gharza رضي الله عنه mit mehreren Frauen gleichzeitig verheiratet gewesen war und diese geschieden hatte. (Anmerkung des türkischen Übersetzers)

[57] Hiermit wollte 'Umar رضي الله عنه sagen, dass sie ihrem Ehemann lieber geantwortet hätte, dass sie ihn nicht hasste. (Anmerkung des türkischen Übersetzers)

[58] Abū Dāwūd, *Adab*, 50; At-Tirmidhī, *Birr*, 26.

Zweifellos bedarf die Ehe oftmals einer Behandlung, die auf Höflichkeit basiert. Sogar wenn Eheleute sehr starke Gefühle füreinander empfinden und ihre Liebe zueinander unentwegt anhält, sind es die angenehmen Worte, der höfliche Umgang miteinander und Äußerungen des Lobes gegenüber dem Geliebten, welche die Liebe läutern und weiterbestehen lassen.[59]

Diese Worte von 'Umar ﷺ, die besagen, dass eine Ehe nicht immer auf Liebe basieren muss, beinhalten in der Tat eine wichtige Botschaft für die muslimischen Familien. Diese Botschaft beinhaltet die Erziehung der Kinder, das Schaffen eines Umfelds des Vertrauens und die Bewahrung des Zusammenhalts der Familie in schwierigen und einfachen Situationen.

Die aufgezählten Merkmale stellen Faktoren zur Stärkung der Ehe dar, die dafür sorgen, dass die Ehe nicht so einfach aus den Fugen gerät.[60]

---

[59] Ein Hadīth lautet wie folgt: *„Wenn einer von euch eine Person liebt, so soll er seine Liebe äußern."* Abū Dāwūd, *Adab*, 113. (Anmerkung des türkischen Übersetzers)

[60] Die oben erwähnte Geschichte lehrt uns, dass Familien nicht aufgrund von simplen und belanglosen Gründen zerstört werden dürfen, und der Bund der Ehe aufrechterhalten werden sollte, soweit es möglich ist. Wenn die Notwendigkeit besteht, so darf man sogar auf verbotene Verhaltensweisen, wie das Lügen, zurückgreifen, unter der Bedingung, ein bestimmtes Maß nicht zu überschreiten. Natürlich sagen wir nicht, dass jeder dazu verpflichtet ist, trotz allem ein unbehagliches Familienleben zu ertragen. Wir möchten lediglich darauf aufmerksam machen, dass, wenn ein starkes Zusammenleben wie die Familie beendet werden muss, dies aufgrund von außerordentlich wichtigen Ursachen geschehen sollte. Denn die islamischen Rechtsgelehrten haben versucht, im Einzelnen zu erörtern, welche Situationen gültige Scheidungsursachen darstellen.

12. Die sittsamen Worte einer Frau über ihren Ehemann

Eine Frau kam zu 'Umar ﷺ und sagte zu ihm: „Ich werde mich bei dir über einen der besten Menschen auf der Welt beschweren. Er ist ein ausgezeichneter Mensch, den nur diejenigen übertreffen können, die das Gleiche tun, was er tut. Er betet bis zum Morgen und tagsüber fastet er die ganze Zeit." (In diesem Augenblick schämte sich die Frau und sie beabsichtigte zu gehen.)[61] Daraufhin sagte 'Umar ﷺ: „Möge Allāh dir reichlich Gutes geben. Wahrlich, du hast viel Gutes gesprochen. Nun darfst du gehen." Nachdem die Frau gegangen war, wandte sich Ka'b ibn Miswar ﷺ an 'Umar ﷺ und sagte: „Oh Führer der Gläubigen, die Frau hat dir gegenüber eine kurze und schlüssige Beschwerde geäußert." 'Umar ﷺ fragte verwundert: „Worüber hat sie sich beschwert?" Als Ka'b ﷺ ihm erklärte, dass die Frau über ihren Mann geklagt hatte, bat 'Umar ﷺ Ka'b ﷺ, eine Entscheidung über dieses Problem zu treffen. Darauf entgegnete Ka'b ﷺ: „Ich soll eine Entscheidung treffen und du wirst der Zeuge sein?" Doch 'Umar ﷺ sagte: „Du hast eine Angelegenheit

---

[61] Diese Frau hatte die Absicht, über ihren Mann zu klagen, der sich seinem Gottesdienst allein hingegeben hatte und aus diesem Grund seine Frau vernachlässigte. Jedoch hinderte ihr Schamgefühl sie daran, das Thema weiter offenzulegen. Während diese Haltung der Frau ein schönes Beispiel in Bezug auf die Schamhaftigkeit bildet, demonstriert sie gleichzeitig den Mut und das Selbstbewusstsein der Frauen, den Autoritätspersonen selbst die intimsten Probleme vorzutragen. Denn auch 'Ā'isha ﷺ lobte die Frauen aus Medina, welche keine Scham zeigten, wenn es um das Erlernen ihrer Religion ging. (Al-Bukhārī, *'Ilm*, 50)

verstanden, die ich nicht verstanden habe. Daraufhin erklärte Ka'b ﷺ seine Entscheidung: „Allāh erlaubt uns im dritten Vers der Sure an-Nisā', bis zu vier Frauen zu heiraten. Demnach soll der Ehemann der Frau, über den sie sich beschwerte, drei Tage lang fasten und am vierten Tag sein Fasten unterbrechen, und wenn er drei Nächte im Gebet verbringen sollte, so soll er in der vierten Nacht seiner Frau beiwohnen."[62]

'Umar ﷺ gefiel die Schlussfolgerung Ka'bs ﷺ, sodass er ihn (aufgrund seines feinen Urteilsvermögens) als Richter in der Stadt Basra einsetzte.[63]

---

[62] Ibn Hajar, a.a.O., 3/314-315. Der Autor erklärte, dass 'Umars ﷺ Missverständnis in Bezug auf die Bedeutung der Mitteilung der Frau mit der Intensität seiner staatlichen Führungsaufgaben zusammenhing. Jedoch ist die Findung einer Erklärung für seine Haltung nicht notwendig. Denn sein Unverständnis einer Sache verringert nicht im Geringsten seine wertvolle Stellung. Vielmehr beweisen seine ehrliche Antwort und lobenden Worte gegenüber Ka'b ﷺ seine Bescheidenheit und beinhalten gleichzeitig wichtige Lehren für die heutigen Herrscher. (Anmerkung des türkischen Übersetzers)

[63] Anhand der Ereignisse und Geschichten aus dem Leben der *Sahāba,* die der Autor in seinem Buch erwähnte, erkennen wir, dass sowohl Männer als auch Frauen den Beauftragten der Regierung ohne Umstände ihre Probleme vortragen konnten. Dies weist auf ein freiheitliches Umfeld der damaligen Zeit hin. Außerdem fällt uns auf, dass in der Konfliktlösung keine eigenen Lösungswege gefunden, sondern in jedem Falle der Rat einer Führungsperson ersucht wurde. Dies zeigt uns wiederum, dass niemand die Befugnis besitzt, auf eigene Faust jemanden zu bestrafen. Diese Tatsache zeigt deutlich auf, wie weit die Anarchie, welche sich unter dem Namen von Ehrenmorden verbreitet hat, von den Quellen der Religion entfernt ist. (Anmerkung des türkischen Übersetzers)

III. Vorkehrungen zur Vermeidung von ehelichen Konflikten

Die Ehe gleicht einem Schiff, das Wellen und Stürmen ausgesetzt ist. Wenn sich Ehepaare im Hinblick auf die Gefahren nicht vorbereiten und die notwendigen Vorkehrungen treffen, damit diese Gefahren keinen Einfluss auf sie nehmen können, werden sie später gewiss mit ihren Fehlern konfrontiert werden.

Im Folgenden werden wir mit der Erlaubnis Allāh ﷻ versuchen, den Eheleuten einige Ratschläge und Ermahnungen mitzugeben, um sie vor den schlechten Folgen zu bewahren und sie zum richtigen Weg zu leiten. Die nachfolgenden Ratschläge und Ermahnungen wurden aus Versen im Qur'ān, *Ahādīth,* den Lebensgeschichten wichtiger Persönlichkeiten und den Erfahrungen der Psychologen und Experten für Bildung zusammengestellt.

1. Die richtige Wahl

A. Die persönliche Eignung

Die erste Aufgabe einer Person, um ein ordentliches Eheleben und eine vortreffliche Erziehung der Nachkommenschaft zu garantieren, ist die Wahl eines geeigneten Ehepartners. Der grundlegende Maßstab für diese Wahl sind der Glaube (*Īmān*) und die guten Charaktereigenschaften (*Akhlāq*). Diesbezüglich heißt es in einem Hadīth: *„Man heiratet eine Frau aus vier Gründen: Wegen ihres Wohlstandes, wegen ihrer Abstammung, wegen ihrer Schönheit oder wegen ihres Glaubens. Versuche, eine wegen ihres Glaubens zu bekommen, so wirst du gesegnet sein."*[64]

Wenn eine Person schon zu Beginn die richtige Wahl trifft, wird sie imstande sein, ihre Ehe vor diversen Problemen weitgehend abzusichern. Überdies stellt eine solche Wahl die wichtigste Stütze in der Befolgung der Befehle Allāhs ﷻ dar und bildet gleichzeitig einen bedeutsamen Faktor zur Gewährleistung eines guten Umgangs und zur Erlangung einer würdevollen Persönlichkeit. ***„...Darum sind die rechtschaffenen Frauen (Allāh) demütig ergeben und hüten das zu Verbergende, weil Allāh (es) hütet."***[65]

Während der Islām den Männern mitteilt, welche Kriterien sie bei der Auswahl einer Frau beachten sollten, benennt er auch für die Frauen oder Familien der Frauen die jeweiligen Kriterien, die sie bei der Wahl des richtigen Ehemannes berücksichtigen sollten: ***„Und verheiratet die noch ledigen (Männer und Frauen) unter euch und die***

---

[64] Al-Bukhārī, *Nikāh,* 15; Muslim, *Radā'a,* 53-54; Abū Dāwūd, *Nikāh,* 2. Selbstverständlich sollten bei der Wahl für eine Ehe neben dem Glauben die anderen Faktoren nicht außer Acht gelassen werden. Denn der Gesandte Allāhs ﷺ empfahl jedem, der heiraten wollte, erst dann eine Entscheidung zu treffen, nachdem er die Frau, um deren Hand er zu anhalten beabsichtigte, gesehen hatte. Somit wird in dem Hadīth hervorgehoben, dass der Glaube und die Charaktereigenschaften bei der Wahl die oberste Priorität haben müssen. (Anmerkung des türkischen Übersetzers)

[65] An-Nisā', 4:34.

Rechtschaffenen von euren Sklaven und euren Sklavinnen.“[66]

Der Gesandte Allāhs ﷺ sagte: „*Wenn ein Mann, dessen Religion und Charakter euch gefallen (mit einem Heiratsantrag) zu euch kommt, dann heiratet ihn. Tut ihr das nicht, werden Chaos und Unheil die Welt bestimmen.*“[67]

Somit wird deutlich, dass die Religiosität, das Bewusstsein über die Verantwortung gegenüber Allāh ﷻ und der Besitz von tugendhaften Charaktereigenschaften bei der Wahl eines vortrefflichen Ehepartners eine grundlegende und maßgebliche Rolle spielen. Es ist eine Tatsache, dass diejenigen, welche die im Islām vorgesehenen Kriterien befolgen, zum richtigen Weg gelangen. Was jedoch diejenigen angeht, welche diese Kriterien beiseitelegen und sich andere Kriterien vor Augen halten, wie zum Beispiel das bewusste oder unbewusste Ignorieren des Charakters und das Legen des Augenmerks auf den Reichtum und die Schönheit einer Person, so sollen sie (in Bezug auf die Probleme, die später auftreten werden) niemanden tadeln, außer sich selbst.

---

[66] An-Nūr, 24:32. Das in dem Vers bestimmte Kriterium „*sālihīn*“ drückt die religiöse und charakterliche Eignung aus. (Anmerkung des türkischen Übersetzers)

[67] At-Tirmidhī, *Nikāh,* 3; Ibn Mājah, *Nikāh,* 46. Die Erschwerung des Zustandekommens einer Ehe aufgrund gewisser Begründungen, sowie die Veränderung der Kriterien einer Ehe bilden möglicherweise die wichtigste Ursache für das Problem der Sittenlosigkeit in der heutigen Zeit. Aus diesem Grund ist es notwendig, dass wir unsere Sichtweise auf die Ehe im Lichte dieses Hadīth' neu überdenken. (Anmerkung des türkischen Übersetzers)

B. Ebenbürtigkeit

Nachdem wir die Kriterien der persönlichen Eignung, die bei der Auswahl des richtigen Ehepartners erforderlich ist, benannt haben, kommen wir zum nächsten wichtigen Thema, der Ebenbürtigkeit. Die Ebenbürtigkeit zwischen Eheleuten gehört nicht zu den grundlegenden Bedingungen einer Ehe[68], jedoch besitzt sie eine bedeutsame Funktion zur Etablierung der Familienordnung und der seelischen Harmonie zwischen Ehepartnern.

Eine der ersten Ursachen, die zu Problemen in Ehen führen, ist eine offensichtliche Verschiedenheit in Bezug auf Bildung, finanzielle Lage und gesellschaftliche Stellung. Wenn eine Frau in den o.g. Aspekten einen höheren Stand besitzt, so kann dies zu einer herablassenden Haltung der Frau gegenüber ihrem Ehemann führen. Denn in der Tat ist die Anzahl der Frauen, die sich nicht auf diese Weise verhalten, sehr gering. (In seltenen Fällen) versuchen Frauen, die sich an einen bestimmten Lebensstandard gewöhnt und einen Mann geheiratet haben, der aus einer ärmeren Schicht der Gesellschaft stammt, sich an ein Leben anzupassen, das sie zuvor nie gekannt haben, und Aufopferungen in Bezug auf ihren hohen Lebensstandard zu machen.

---

[68] Zwar gilt die Ebenbürtigkeit in einer Ehe nicht als prinzipielle Bedingung, jedoch spielt sie in der Fortdauer einer Ehe eine einflussreiche Rolle. Bei der Ebenbürtigkeit gilt die Auffassung, dass eine Frau keinen Mann heiratet, der aus religiöser, sozialer und ökonomischer Sicht im Verhältnis zur Frau ein niedrigeres Niveau hat. Das Thema der Ebenbürtigkeit dient vielmehr zur Bewahrung der Rechte der Frau. (Anmerkung des türkischen Übersetzers)

Angesichts der Probleme, die in solchen Fällen auftreten können, gesteht die Religion des Islāms als wichtigen Grundsatz der Frau das Recht zu, die Heirat mit einem Mann, der ihr aufgrund von bestimmten Gesichtspunkten nicht ebenbürtig ist, abzulehnen. Wir betonen erneut, dass die Ebenbürtigkeit zwischen Eheleuten keine Bedingung für die Gültigkeit einer Ehe ist, sondern eine Bedingung für die Fortdauer einer laufenden Ehe darstellt. Daraus ergibt sich diese Schlussfolgerung: Wenn beide Seiten trotz fehlender Ebenbürtigkeit der Heirat zustimmen, ist die Heirat gültig und verbindlich. Doch wenn sich die Frau aufgrund der fehlenden Ebenbürtigkeit der Heirat widersetzt, so kommt es nicht zum Vollzug der Heirat oder falls sie vollzogen worden ist, so kann die Ehe beendet werden.

2. Verantwortungsbewusstsein gegenüber den Rechten beider Seiten

(Nach der richtigen Wahl für die Gründung einer festen Ehe kommen wir nun zum nächsten wichtigen Grundsatz.)
Der Bund der Ehe gehört zu den bedeutendsten Lebensgemeinschaften. Ein friedvolles und ruhiges Fortbestehen der Ehe hängt von ihrer wohlgeordneten Aufrechterhaltung ab. Dabei treten diverse Rechte und Verantwortungen in die Tagesordnung. Es gibt wahrlich kein System, das die Rechte und Verantwortungen unter

Eheleuten so genau regelt, wie der Islām. In dem folgenden Vers bezeichnet Allāh, der Erhabene, die Ehe als einen Bund, der auf Zuneigung und Barmherzigkeit basiert. ***„Und es gehört zu Seinen Zeichen, dass Er euch aus euch selbst Gattinnen erschaffen hat, damit ihr bei ihnen Ruhe findet; und Er hat Zuneigung und Barmherzigkeit zwischen euch gesetzt. Darin sind wahrlich Zeichen für Leute, die nachdenken.“***[69]

A. Die Rechte der Frau gegenüber ihrem Ehemann

a. Materielle Rechte

a.1. Die Brautgabe (Mahr)

Der folgende Vers handelt von der Brautgabe, die den Frauen während der Ehe zusteht: ***„Und gebt den Frauen ihre Morgengabe als Geschenk. Wenn sie für euch aber freiwillig auf etwas davon verzichten, dann verzehrt es als wohlbekömmlich und zuträglich.“***[70]

a.2. Der Lebensunterhalt (Nafaqa)

Im Qur'ān al-Karīm wird in dem folgenden Vers auf die Pflicht des Mannes zur Sicherung des Lebensunterhalts und seine Verantwortung gegenüber seiner Familie

[69] Ar-Rūm, 30:21.

[70] An-Nisā, 4:4. (Weitere Verse über die Brautgabe: al-Baqara, 2:236-237; an-Nisā', 4:24-25; al-Mā'ida, 5:5.) In der vorislamischen Zeit stand die Brautgabe, die bei einer Eheschließung gezahlt wurde, der Familie der Frau zu. Der Islām kam mit einer grundlegenden Reform und gab dieses Recht der Frau. Eine Frau darf frei darüber verfügen. Die Brautgabe unterscheidet sich vollständig von dem sogenannten Brautpreis. (Anmerkung des türkischen Übersetzers)

hingewiesen: **„*Der Wohlhabende soll entsprechend seinem Wohlstand (die Aufwendungen) ausgeben. Und wem seine Versorgung bemessen (zugeteilt) wurde, der soll (eben) von dem ausgeben, was Allāh ihm gegeben hat. Allāh erlegt keiner Seele mehr auf als das, was Er ihr gegeben hat. Allāh wird nach Schwierigkeit Erleichterung schaffen.*“**[71]

Einst wurde der Gesandte Allāhs ﷺ gefragt: „Was ist das Recht einer Ehefrau ihrem Ehemann gegenüber?“ Er ﷺ antwortete: *„Gib ihr zu essen, wenn du selbst isst; kleide sie, wenn du dich selbst kleidest; schlage sie nicht ins Gesicht; verfluche sie nicht und trenne dich nicht von ihr; außer innerhalb des Hauses.“*[72]

b. Immaterielle Rechte

b.1. Der gute Umgang

Allāh, der Erhabene, befiehlt in dem Vers mit der Bedeutung **„*Und geht in rechtlicher Weise mit ihnen um.*“**[73], die gute Behandlung der Frauen. Der Gesandte Allāhs ﷺ sagte: *„Der beste unter euch ist derjenige, der seine Frau am besten behandelt. Und ich bin derjenige, der seine Frauen am besten behandelt.“*[74] In einem anderen Hadīth erwähnte der Prophet ﷺ die gute Behandlung der Frauen in seiner Abschiedspredigt. Der Prophet ﷺ

---

[71] At-Talāq, 65:7. Siehe außerdem den Vers: al-Baqara, 2:233.
[72] Abū Dāwūd, *Nikāh,* 41; Ibn Mājah, *Nikāh,* 3.
[73] An-Nisā', 4:19.
[74] Ibn Mājah, *Nikāh,* 50.

äußerte dies folgendermaßen: „*Achtet das Recht der Frauen. Allāh hat sie euch ja anvertraut, und mit ihnen zu verkehren wurde euch durch die Worte Allāhs erlaubt.*“[75] Gemäß einer anderen Überlieferung sagte er ﷺ: „*Behandelt die Frauen gut, denn die Frau ist aus einer (gekrümmten) Rippe geschaffen worden; und der am stärksten gekrümmte Teil ist in der oberen Region. Wenn du sie geradebiegen willst, wirst du sie brechen, und wenn du sie lässt wie sie ist, wird sie gebogen bleiben. Behandle also die Frauen gut.*“[76]

b.2. Die Unterstützung der Frau in ihrem Streben nach Wissen

Ein weiteres und wichtiges Recht der Frau ist ihre Belehrung und Ermahnung in Bezug auf religiöses Wissen. Der folgende Vers weist auf die Bedeutung dieser Angelegenheit hin: ***„O die ihr glaubt, bewahrt euch selbst und eure Angehörigen vor einem Feuer, dessen Brennstoff Menschen und Steine sind, über das hartherzige, strenge Engel (gesetzt) sind, die sich Allāh nicht widersetzen in***

---

[75] Ibn Mājah, *Manāsik,* 84.

[76] Al-Bukhārī, *Anbiyā',* 54/3331; Muslim, *Radā'a,* 18/2669. Der Wortlaut des Hadīth' stammt aus der Version von al-Bukhārī. Der Vergleich der Frauen mit einer gekrümmten Rippe, die zerbricht, wenn man sie gerade biegen möchte, ist ein Gleichnis, das das empfindsame Wesen der Frauen aufzeigt. Das heißt, dass hier der vorsichtige Umgang mit den Frauen empfohlen wird. In einem anderen Hadīth wurde gesagt, dass das Brechen des Knochens die Scheidung zur Bedeutung hat. (Muslim, *Radā'a,* 59.) Dieser Vergleich beinhaltet einen die Normen des Anstands wahrenden Ausdruck. Aus diesem Grund wäre es eine falsche Haltung, den Inhalt dieses Hadīth' als erniedrigende Formulierung in Bezug auf die Frauen zu bewerten. (Anmerkung des türkischen Übersetzers)

***dem, was Er ihnen befiehlt, sondern tun, was ihnen befohlen wird."*[77]**

In einem Hadīth werden diejenigen, die bestrebt sind, ihrer religiösen Verantwortung nachzukommen, folgendermaßen gelobt:
„Wenn ein Mann in der Nacht aufwacht und seine Frau für das Gebet aufweckt, und wenn sie zusammen oder getrennt zwei Raka'a (Gebetseinheiten) beten, so schreibt Allāh sie unter denjenigen auf, die Seiner gedenken."[78]
Dieser Vers und die Ahādīth verdeutlichen die Wichtigkeit der gegenseitigen Ermahnung unter Eheleuten im Hinblick auf religiöse Angelegenheiten. Auf diese Weise wird den Eheleuten, die sich gegenseitig beraten und ermahnen, ermöglicht, sowohl im Diesseits als auch im Jenseits die Tür zur Glückseligkeit einen Spalt weit zu öffnen.

b.3. Die Eifersucht

Unter der Eifersucht soll keine misstrauische Haltung der Frau gegenüber verstanden werden. Vielmehr ist die Bewahrung der Frau vor schädlichen Dingen gemeint. Demnach ist eine Frau verpflichtet, Angelegenheiten zum Schutz ihrer Ehre und Religion zu beachten, wie die Bedeckung ihres Körpers dem Befehl Allāhs ﷻ

---

[77] At-Tahrīm, 66:6.

[78] Abū Dāwūd, *Taṭawwu'u,* 18; Ibn Mājah, *Iqāmatus Salāt,* 175. Dieser Hadīth beinhaltet einen Hinweis auf den 35. Vers der Sure al-Ahzāb. Dieser lange Vers beschreibt die grundlegenden Merkmale der gläubigen Männer und der gläubigen Frauen, welche die Vergebung Allāhs und einen großartigen Lohn erlangen werden. (Anmerkung des türkischen Übersetzers)

entsprechend, das Meiden von Parfum und anderen anziehenden Düften außerhalb ihres Zuhauses und das Vermeiden des Alleinseins mit fremden Männern.

Ein Mann darf seiner Gattin nicht misstrauen. Ein Beispiel dafür wäre, wenn der Mann seiner Frau vorgibt, eine Reise anzutreten, und eine kurze Zeit später wieder zurückkehrt (um seine Frau zu kontrollieren). Das Misstrauen des Mannes wird die Gefühle seiner Frau negativ beeinflussen. Aus diesem Grund empfahl der Gesandte Allāhs ﷺ den Eheleuten eine maßvolle Eifersucht an, indem er sagte: *„Eine Art der Eifersucht, die Allāh nicht mag, ist die unangebrachte und übermäßige Eifersucht des Mannes seiner Ehefrau gegenüber."*[79]

In einem zuvor erwähnten Hadīth verbot der Prophet ﷺ den Männern, die von einer Reise zurückkehren, ihre Familien mitten in der Nacht zu überraschen.[80]

B. Die Rechte des Mannes gegenüber seiner Ehefrau

a. Der Gehorsam der Frau in erlaubten Dingen

Der Mann gleicht einem Führer, der seine Familie lenkt. Demnach gehört der Gehorsam der Frau gegenüber den erlaubten Forderungen des Mannes zu seinen Rechten. Diesbezüglich heißt es in einem Vers im Qur'ān: ***„Die***

---

[79] Abū Dāwūd, *Jihād*, 104; an-Nasā'ī, *Zakāt*, 66.
[80] Muslim, *Imārah*, 180-185.

Männer stehen in Verantwortung für die Frauen wegen dessen, womit Allāh die einen von ihnen vor den anderen ausgezeichnet hat und weil sie von ihrem Besitz (für sie) ausgeben."[81] Gemäß einer Überlieferung sagte der Gesandte Allāhs ﷺ: *„Wenn eine Frau ihre fünf Gebete betet, im Monat Ramadān fastet, ihre Ehre bewahrt und ihrem Ehemann Gehorsam leistet, so darf sie in das Paradies eintreten."*[82] In einem anderen Hadīth wurde das Maß der Gehorsamkeit auf folgende Weise festgelegt: „Es gibt keinen Gehorsam gegenüber einem Geschöpf durch Ungehorsam gegenüber dem Schöpfer."[83]

Das geregelte Fortbestehen einer Ehe wird nicht möglich sein, solange eine Frau immerzu mit ihrem Ehemann diskutiert und nicht den Versuch einer Versöhnung unternimmt. Vielmehr wird diese Haltung der Frau einer der wichtigsten Faktoren für die Entstehung von größeren Auseinandersetzungen in der Ehe sein.

In einem anderen Hadīth wird die ideale Ehefrau wie folgt beschrieben: *„Soll ich dir nicht über den wertvollsten Besitz des Mannes berichten? Es ist eine rechtschaffene Frau. Wenn er sie anschaut, erfreut sie ihn, und wenn er ihr Anweisungen erteilt, gehorcht sie ihm, und wenn er abwesend ist, schützt sie ihn (sein Heim, seine Ehre und Ähnliches)."*[84]

---

[81] An-Nisā', 4:34.
[82] Ahmad ibn Hanbal, *Musnad,* 1/191.
[83] Muslim, *Imārah,* 39.
[84] Abū Dāwūd, *Zakāt,* 32.

b. Der Schutz der Ehre, des Besitzes und der Familie

In der oben erwähnten Überlieferung wurde eine wichtige Verantwortung der Frau genannt, nämlich die des Schutzes ihrer Ehre, des Besitzes ihres Mannes und seiner Familienangehörigen. Einem anderen Bericht zufolge sagte der Prophet ﷺ, dass eine Frau sowohl für das Haus des Mannes als auch für seine Familie verantwortlich ist.[85]

Der Schutz ihrer Ehre erfolgt durch die Vermeidung jeglicher unangebrachter Verhaltensweisen, die den Zorn Allāhs ﷻ erregen und die Verärgerung ihres Ehemannes hervorrufen könnten. Der Schutz des Besitzes hingegen erfolgt durch das maßvolle Ausgeben, die Vermeidung von Verschwendung (*Isrāf*) und die Nutzung des Geldes mit dem Wissen des Ehemannes. Gleichermaßen ist es einer Frau nicht gestattet, ohne das Wissen ihres Mannes das Haus zu verlassen oder jemanden in sein Haus eintreten zu lassen. Dieses Thema wird in einem Hadīth wie folgt erwähnt: *„Es ist einer Frau, die an Allāh und den Jüngsten Tag glaubt, nicht erlaubt, ohne die Erlaubnis ihres Gatten andere Personen in sein Haus eintreten zu lassen, oder ihr Haus zu verlassen."*[86]

---

[85] Al-Bukhārī, *Jumu'a,* 11; Muslim, *Imārah,* 20. Gemäß einer weiteren Überlieferung lobte der Gesandte Allāhs ﷺ jene Frauen, die ihr Zuhause und ihre Kinder lieben. (Al-Bukhārī, *Nikāh,* 12). (Anmerkung des türkischen Übersetzers)

[86] Al-Hākim, *al-Mustadrak,* 2/606.

Der Schutz der Familie bedeutet, dass eine Mutter ihre Kinder auf die beste Weise erzieht, sie die schönsten Tugenden lehrt und ihnen Aufmerksamkeit und Liebe schenkt. Hierbei ist die Aufrechterhaltung der Gerechtigkeit unter den Kindern und die Vermeidung von Ungerechtigkeit zwischen ihnen von besonderer Bedeutung.[87] Die Bevorzugung eines Kindes gegenüber anderen Kindern kann unter ihnen Neid hervorrufen und in den meisten Fällen dazu führen, dass in die Herzen der Kinder die Saat des Schlechten eingepflanzt wird.

Wenn die Kinder auf der o.g. Grundlage herangezogen und im Hinblick auf die Angelegenheiten der Religion und des Benehmens auf die beste Weise erzogen werden, so werden die Eltern imstande sein, aus ihren Kindern vorbildliche Persönlichkeiten hervorzubringen.

c. Die Bewirtung des Mannes

Die Gelehrten des Islāms waren sich über die Notwendigkeit der Bewirtung des Mannes durch seine Gattin einig. Diese Art der Unterstützung darf natürlich ausschließlich im Rahmen des Erlaubten erfolgen, nämlich in der Form der Erwiderung der Forderungen des Mannes den gewohnten Sitten entsprechend. Der Mann darf seiner Frau keine Sache auferlegen, die sie nicht leisten kann, und

[87] Der Hadīth, in dem der Prophet ﷺ die Wahrung der Gerechtigkeit unter den Kindern befiehlt, lautet: *„Fürchtet Allāh und übt Gerechtigkeit unter euren Kindern!"* (Al-Bukhārī, *Hība*, 12; Muslim, *Hība*, 13.) (Anmerkung des türkischen Übersetzers)

sollte sie vielmehr bei schwierigen Aufgaben, die sie alleine nicht bewältigen kann, unterstützen.

d. Die Bewahrung seiner Geheimnisse

Wir erwähnten bereits, dass die Ehe zu den stärksten Bindungen im Leben gehört. Daraus folgt, dass eine Frau Kenntnis von den Geheimnissen ihres Mannes besitzt. Für einen Mann gibt es keine vertrauenswürdigere Person als seine Frau. Aus diesem Grund stellt die Weitergabe eines Geheimnisses des Hauses einen sehr großen Verrat dar. Der folgende Hadīth bestimmt, welche Geheimnisse offenbart werden dürfen: *„Geheimnisse sind wie das anvertraute Gut, das gut bewahrt werden muss – ausgenommen sind davon die Planung eines Mordes oder einer Schandtat oder einer unberechtigten Aneignung fremden Eigentums."*[88]

3. Einigkeit über die Lebensweise der beiden Ehepartner

Die Einigkeit der beiden Ehepartner bildet eine weitere Vorkehrung zur Bewahrung der Ehe vor den negativen Folgen von Konflikten. Wenn das Ehepaar die Absicht hat,

---

[88] Abū Dāwūd, *Adab*, 32. Sowohl die Frau als auch der Mann tragen die Verantwortung, private Dinge innerhalb der Familie nicht preiszugeben. Einer weiteren Überlieferung zufolge bezeichnete der Prophet ﷺ Personen, die ihre intimen Erlebnisse mit ihren Ehepartnern nicht verbergen, sondern diese preisgeben, als schlechte und schädliche Menschen. (Muslim, *Nikāh*, 123.) (Anmerkung des türkischen Übersetzers)

ein problemloses und glückliches Eheleben zu führen, so sollte es bereits zu Beginn der Ehe ein bestimmtes Lebensmodell festlegen, das in ihrer Ehe eine vorherrschende Rolle spielen soll. Demnach sollten zunächst die Prioritäten in der Ehe bestimmt werden, für die das Ehepaar seine Anstrengungen unternehmen wird. Wenn eine Frau beispielsweise berufstätig ist, kann die Frage gestellt werden, ob sie auch für den Unterhalt der Familie aufkommen wird. Wenn ja, in welchem Ausmaß wird sie ihren Beitrag für den Unterhalt der Familie leisten? Oder wird es durch ihren Beruf zu einem Fernbleiben von ihrem Zuhause kommen? All diese Themen müssen vorher besprochen werden. Hinzu kommt, dass von Anfang an bestimmte Angelegenheiten durch die Übereinkunft der Eheleute geregelt werden müssen, damit diese später nicht zu Auseinandersetzungen führen. Der Mann ist verpflichtet, schon zu Beginn seine finanzielle Lage zu erläutern und seiner (zukünftigen) Gattin zu erklären, welchen Lebensstandard er ihr ermöglichen kann. Auf diese Weise kann verhindert werden, dass eine Frau sich an einen neuen Lebensstandard gewöhnen muss. Deshalb ist es wichtig, eine Frau bereits vorher von den erwähnten Punkten in Kenntnis zu setzen.

Gleichermaßen sollte eine Frau wissen, dass sich die finanzielle Situation eines Mannes stets verändern kann und nicht immer auf der gleichen Ebene bleiben muss. Denn die Versorgung hängt von der Bestimmung Allāhs ﷻ ab und Er versorgt, wen Er will, ohne zu berechnen.

(Nachdem diese Dinge geklärt worden sind) sollte eine Frau ihrer Ehe nicht überdrüssig werden oder aufgrund ihrer Bedürfnisse, die nicht so schnell erfüllt werden können, voller Frustration sein. Vielmehr sollte sie standhaft sein, denn Allāh ﷻ schafft Seinen Dienern nach der Erschwernis Erleichterung.

Genauso wie die Frau besitzt der Mann das Recht, sich in Bezug auf seine (zukünftige) Gattin zu informieren. Daher sollte er versuchen zu erfahren, ob sie häusliche Geschicklichkeiten besitzt, ihr gesundheitlicher Zustand für den Schutz des Hauses und der Familie geeignet ist oder eine Haushaltshilfe nötig sein wird. Diese Informationen kann ein Mann in der Phase, in der die Frau noch im Haus ihrer Eltern lebt, herausfinden. Außerdem ist es wichtig zu erfahren, ob die Frau, die er beabsichtigt zu heiraten, die älteste, die jüngste oder einzige Tochter der Familie ist. Denn dieses Merkmal wirkt sich ebenso in hohem Maße auf den Charakter und das Verhalten einer Person aus. Während die älteste Tochter verantwortungsbewusster und in Bezug auf die Tätigkeiten des Haushalts begabter ist, besitzt sie gleichzeitig eine autoritäre Persönlichkeit. Durch den autoritären Charakter einer Frau kann es in der Ehe zu Konflikten kommen, weil sie diejenige ist, die die Fäden in der Hand halten möchte. Jüngere Töchter hingegen wachsen in lockeren Verhältnissen auf und werden häufig verwöhnt. Deshalb sind sie in Bezug auf häusliche Aufgaben nicht besonders begabt. Männer, die mit solchen Frauen verheiratet sind, sollten sich in ihren Beziehungen äußerst nachsichtig, geduldig und weichherzig verhalten. Mithilfe dieser Haltung der Männer werden solche Frauen nach einem gemütlichen, wohlhabenden und freiheitlichen Leben nicht mit einem intensiven und erschöpfenden Leben konfrontiert.[89]

Einer Frau, die als einzige Tochter ihres Elternhauses aufgewachsen ist, wurde möglicherweise jeder Wunsch erfüllt und große Aufmerksamkeit geschenkt. Jedoch kann sie im Gegensatz zu einer Frau, welche die jüngste unter den Töchtern einer Familie ist, in Bezug auf die Aufgaben des Haushalts geschickter und erfahrener sein, da sie mehr Verantwortung übernehmen musste. Allerdings vermissen solche Frauen ihre Familien häufiger, sodass sie stets den Wunsch haben, sie zu besuchen.

Wenn ein Mann vor der Ehe Kenntnis von diesen Merkmalen, die wir erwähnten, besitzt, wird er die Möglichkeit haben, seine Verhaltensweisen in dieser Hinsicht zu koordinieren und somit zukünftigen Konflikten vorzubeugen.[90]

---

[89] Eine Ehe sollte keine Weiterführung des früheren freiheitlichen Lebens sein. Die Ehe ist mit einer großen Verantwortung verbunden, sodass sich die Eheleute dieser Verantwortung bewusst sein müssen. Der Autor möchte an dieser Stelle zum Ausdruck bringen, dass alte Gewohnheiten nicht so schnell abgelegt werden können, sondern erst im Laufe der Zeit ausgeglichen werden. (Anmerkung des türkischen Übersetzers)

[90] Selbstverständlich gelten diese psychologischen Merkmale nicht für jede Frau. Jedoch soll hier auf das konkrete Bescheidwissen der Ehepartner über die Art und Weise, wie der oder die andere erzogen wurde, aufmerksam gemacht werden, damit sie ihr Verhalten gegenseitig anpassen können. Wenn man die Ehe aus diesem Blickwinkel betrachtet, werden Eheleute untereinander imstande sein, Nachsicht und Verständnis füreinander einfacher aufzubauen. (Anmerkung des türkischen Übersetzers)

4. Die Notwendigkeit einer Instanz, an die man sich für die Lösung von Konflikten wenden kann

Wir sprachen bereits an, dass es keine problemlose Ehe gibt. Wenn eine Instanz vorhanden ist, an die man sich zu jeder Zeit wenden kann, um zwischenmenschliche Konflikte zu lösen, brauchen Eheleute überhaupt keine Angst vor ehelichen Auseinandersetzungen zu haben. An genau dieser Stelle rückt die Wichtigkeit der islamischen *Tarbiya* in den Vordergrund. Ein Ehemann, der die Grenzen der Religion berücksichtigt und sich der Rechte Allāhs ﷻ und Seiner Diener bewusst ist, wird niemals das Maß überschreiten, sondern stets die Rechte der anderen in seine Handlungen miteinbeziehen.
Denn auch der Rat von Hasan al-Basrī[91] (rh) an einen Mann lautete wie folgt: „Verheirate deine Tochter mit jemandem, der fromm ist. Denn wenn er deine Tochter wirklich liebt, wird er sie auf die beste Weise behandeln. Und wenn sie untereinander ein Problem haben und er sauer auf sie ist, wird er ihr dennoch kein Unrecht tun."

Gleichermaßen wird eine Ehefrau, die das islamische Benehmen verinnerlicht hat, ihren Gatten respektvoll behandeln und wertschätzen. Sobald sie sich ihm gegenüber nicht in Ordnung verhält, sieht sie ihren Fehler

---

[91] Hasan al-Basrī (rh) war einer der bedeutendsten früheren Meister von der Generation der *Tābiūn,* welche einigen der *Sahāba* begegnet waren. Im Hinblick auf sein Wissen und seine Persönlichkeit stellt Hasan al-Basrī für uns ein bedeutendes Vorbild dar.

ein und korrigiert ihr Verhalten. Außerdem ist sie bestrebt, ihre Bindung und ihr Verantwortungsbewusstsein gegenüber ihrem Gatten zu zeigen, indem sie ihm verzeiht, wenn er irgendwelche Fehler begeht.

Ein Professor der islamischen Philosophie sagte in Bezug auf dieses Thema folgendes: „Unter einer glücklichen Ehe sollte keine problemlose Ehe verstanden werden. Eigentlich liegt eine glückliche Ehe dann vor, wenn bei Problemen beide Seiten wissen, wie sie sich zu verhalten haben, und den kausalen Anlass der Auseinandersetzung unter Kontrolle halten, sodass sie als selbstbewusstes und kompetentes Paar agieren und die Probleme gemeinsam beseitigen. Das Vorhandensein von gemeinsamen Interessen und Werten unter Eheleuten wird den Schaden diverser Konflikte auf einfache Weise unwirksam machen. Die Quellen des Islāms bilden die Kernwerte dieser Gemeinsamkeiten und müssen bei der Lösung von Konflikten vorrangig sein. Sobald ein muslimisches Ehepaar eine Auseinandersetzung hat und mit einem Problem konfrontiert wird, dürfen die einzelnen Ehepartner nicht zu ihren Gedanken, Wünschen und Begierden neigen. Dagegen sind sie verpflichtet, der jeweiligen Sache auf den Grund zu gehen, sie zu bedenken und sich an die höchsten Quellen zu wenden, den Qur'ān und die Sunnah."

5. Die Vermeidung des Anhäufens von Problemen

Es ist eine Tatsache, dass die Früherkennung von Krankheiten und ihre Behandlung besser als die Vernachlässigung einer Krankheit und Aufschiebung der Behandlung ist, da durch eine verspätete Behandlung der Genesungsprozess erschwert wird. Gleichermaßen sollten innerfamiliäre Konflikte zur richtigen Zeit und am richtigen Ort gelöst werden, damit diese sich nicht anhäufen und zur Verschlechterung der ehelichen Beziehung führen. Manche der Konflikte, die begründet oder unbegründet unter Eheleuten aufkommen, sind vielmehr eine Reflexion von ungelösten Problemen, die in der Vergangenheit bloß verdeckt wurden. Manchmal tauchen diese Probleme plötzlich in einem Augenblick der Glückseligkeit auf. Mit Hilfe von Tricks macht der Satan aus kleinen Problemen große Probleme. Doch wenn die Eheleute ihre glückliche Phase bewusst erleben, werden sie diese Probleme nicht weiter beachten. Das ist genau der Punkt, an dem jeder einzelne Ehepartner vorausdenkend handeln, sein Herz von allen Arten des Schmutzes reinigen und die Tatsachen bewerten muss, ohne schlechte Spuren im Herzen zu hinterlassen oder sie (die Probleme) auf die leichte Schulter zu nehmen.

6. Das Eingeständnis, im Unrecht zu sein

Es gibt Menschen, die nicht im Entferntesten daran denken, dass sie selbst Fehler machen könnten. Dementgegen glauben sie, dass sie ständig im Recht sind. In den meisten Fällen führt ihre hochmütige Haltung sie zur Sünde. Wenn zwei gerechte Personen keinen Zweifel an der Falschheit einer Meinung oder Handlung haben, beharren solche Menschen trotzdem darauf. Falls einer der Ehepartner diese schwer zu behandelnde Krankheit besitzt, müssen die Eheleute einem Lösungsweg folgen (, wobei sich diese Methode sehr schwierig gestaltet, da die Behandlung dieses Problems von der Bereitschaft der Person, welche diese Verhaltensstörung hat, abhängt), indem sie sich eingestehen, dass es unmöglich ist, immer im Recht zu sein, und sich vor Augen führen, dass sie manchmal recht haben und manchmal falsch liegen können. Mit Hilfe der Selbstkritik kann vermieden werden, sich von der Wahrheit abzuwenden, auch wenn dies bedeuten würde, das eigene Fehlverhalten zuzugeben. Somit bildet die Kritik am eigenen Verhalten einen wichtigen Lösungsweg. Allāh ﷻ sagt im Qur'ān: ***„O die ihr glaubt, seid Wahrer der Gerechtigkeit, Zeugen für Allāh, auch wenn es gegen euch selbst oder die Eltern und nächsten Verwandten sein sollte! Ob er (der Betreffende) reich oder arm ist, so steht Allāh beiden näher. Darum folgt nicht der Neigung, dass ihr nicht gerecht handelt! Wenn ihr (die Wahrheit) verdreht oder euch (davon) abwendet,*** *gewiss, so ist Allāh dessen, was ihr tut, Kundig."*[92] In der Tat gehört die Selbstkritik zu den deutlichsten Merkmalen von Personen mit hervorragendem Charakter.

7. Die Wahrung des gemeinsamen Nutzens

Wie bereits erwähnt wurde, stellt die Ehe zwischen Mann und Frau einen festen und heiligen Bund dar. Die Familie bildet den Grundstein der Gesellschaft. Aus diesem Grund braucht es für eine starke und stabile Gesellschaft eine starke und stabile Einheit der Familie. Diese starke und stabile Einheit bildet den höchsten Gewinn für eine Gesellschaft.

Der Schutz der Kinder vor jeglichen Schlechtigkeiten, sowie das Ermöglichen einer geeigneten Erziehung basierend auf einer gesunden Lebensweise für den Körper und die Seele des Kindes hängen weitgehend vom Familienmilieu ab. Je weniger dieses Familienmilieu von den ehelichen Konflikten unberührt bleibt, desto effektiver und besser wird die Erziehung der Kinder gelingen. Somit kann auch für die Stärkung ihrer körperlichen und seelischen Gesundheit gesorgt werden. Angesichts dieser Tatsachen bedenkt der Familienvater sein Verhalten und seine Schritte, wenn ihm eine besorgniserregende Sache widerfährt, um keinen Schaden an der Sicherheit und der Stabilität des Familienbunds entstehen zu lassen. Aus diesem Grund sagte 'Umar ﷺ, der sich der Bedeutung der

---

[92] an-Nisā', 4:135.

Familie bewusst war, zu einer Frau, die sich von ihrem Ehemann trennen wollte, weil sie ihn nicht liebte: „Nicht jede Ehe gründet sich auf Liebe." Selbstverständlich beabsichtigte 'Umar ﷺ mit seinen Worten nicht die Herabwürdigung der Liebe zwischen Eheleuten. Vielmehr wollte er auf den großen Nutzen der Vermeidung einer voreiligen Entscheidung aufmerksam machen, die verheerende Folgen wie die Spaltung der Familieneinheit und das Auseinandergehen der Eheleute haben kann. Denn die Tatsache, dass schlecht erzogene Kinder, die ohne die Liebe und Fürsorge ihrer Eltern aufgewachsen sind, als Bedrohungsfaktor für die Gesellschaft gelten, ist niemandem unbekannt. Es ist offensichtlich, welche Zukunft solche Kinder erwartet, die keinen Vater haben, der sie beschützt und sich um sie kümmert. Angesichts dieser wichtigen gesellschaftlichen Tatsachen sollte sich ein Ehemann stets an das freundliche Verhalten und die schönen Momente mit seiner Frau erinnern und ihre Fehler verzeihen. Der Gesandte Allāhs ﷺ sagte in Bezug auf dieses Thema: *„Ein gläubiger Mann soll seine gläubige Frau nicht hassen. Wenn er etwas an ihrem Charakter nicht mag, gefällt ihm irgendein anderer Zug an ihr."*[93]

---

[93] Muslim, *Radā'a,* 61. In diesem Hadīth empfiehlt der Prophet ﷺ den verheirateten Muslimen, dass sie sich mit einer positiven Haltung gegenüberstehen sollen. Denn in zwischenmenschlichen Beziehungen spielt die Einstellung eine wichtige Rolle. Jemand, der nur das Negative sieht, wird bestimmt Negatives vorfinden, denn es ist unmöglich, einen Menschen zu finden, der in jeder Hinsicht perfekt ist. Dementsprechend sollten wir realistisch sein und die Menschen aus einem positiven Blickwinkel betrachten.

So wie dem Mann, kommt der Frau in der Lösung von Problemen ebenfalls eine wichtige Aufgabe zu. Möglicherweise ist die Frau der wirksamste Faktor, wenn es um die Vorbeugung von Problemen geht. Denn ein entzückendes Lächeln oder eine zärtliche Berühung vonseiten der Frau genügen allein, um Konflikte zu lösen, ohne dass diesen Diskussionen und Streit vorangehen müssen. Der Gesandte Allāhs ﷺ erklärte diesen Punkt mit den folgenden Worten: *„Soll ich euch nicht verraten, welche eure Gattinnen im Paradies sein werden? Sie sind liebevoll und anmutig. Sie sind jene, die ihrem in Zorn geratenen Mann sagen: Deinem ‚Wunsch füge ich mich. Solange du mit mir nicht zufrieden bist, werde ich keinen Schlaf finden!'"*[94]

[94] At-Tabarānī, *Al-Mu'jam al-Awsat,* ar-Riyādh, 1986, 2/442.

8. Sexuelle Zufriedenheit[95]

Die sexuelle Zufriedenheit ist im Eheleben von großer Bedeutung. In gewissermaßen stellt die sexuelle Zufriedenheit der Eheleute eines der Kriterien dar, das über das Ausmaß des Eheglücks entscheidet. Überdies bilden sexuelle Probleme die Ursache für diverse Konflikte in der Ehe. Diese sexuellen Probleme zeigen sich in Situationen, wenn eine Frau sich ihrem Ehemann ohne rechtmäßigen Grund verweigert[96], wenn beide Seiten keine sexuellen Höhepunkte erleben (Orgasmus), oder wenn eine der Seiten im Gegensatz zum anderen Ehepartner stärkeres sexuelles Verlangen hat. Was auch immer der Grund ist, das Ergebnis bleibt immer gleich. So kommt es zu Spannungen in der Ehe, welche die Ehe unerträglich für beide Seiten machen, und zu Streitereien aufgrund von Belanglosigkeiten.

Im Allgemeinen bilden die ersten Phasen einer Ehe die Grundlage des Problems. Die ersten Tage einer Ehe spielen in gewisser Hinsicht eine entscheidende Rolle in Bezug auf

---

[95] Das Wissen der Sexualität sollte den jungen Muslimen insbesondere im Lichte der grundlegenden Quellen des Islāms vermittelt werden. Die Vernachlässigung dieses Themas führt dazu, dass sich unsere Jugendlichen heutzutage durch falsche Personen und Milieus über die Angelegenheiten der Sexualität informieren. Dieser Umstand kann sowohl moralische als auch gesundheitliche Bedrohungen zur Folge haben. Im vorangegangenen Kapitel haben wir erfahren, dass die Sahāba gleichgültig, ob Mann oder Frau, zum Propheten ﷺ kamen und ganz offen Fragen zu bestimmten Themen stellten, was auf die Wichtigkeit des richtigen Erlernens von Wissen über Sexualität hindeutet. (Anmerkung des türkischen Übersetzers)

[96] Der Gesandte Allāhs ﷺ sagte: *„Wenn der Mann seine Frau zu Bett bittet, sie sich aber weigert und er mit Ärger über sie einschläft, verfluchen sie die Engel bis zum nächsten Tag."* Al-Bukhārī, *Nikāh*, 85; Muslim, *Nikāh*, 121-122.

die Fortdauer der Ehe. Deshalb sollten neu verheiratete Paare insbesondere in den Flitterwochen die Möglichkeit berücksichtigen, dass gewisse sexuelle Erwartungen nicht erfüllt und die gewünschte Befriedigung erlangt werden könnten. Allerdings dürfen Paare nicht vergessen, dass dieser Zustand nicht von ewiger Dauer sein muss. Die ersten sexuellen Erfahrungen am Anfang einer Ehe werden meist als ungenügend wahrgenommen. Die Ursache kann bei gewissen Falschinformationen liegen, welche die neu verheirateten Eheleute von Nachbarn oder Freunden im Umfeld mitbekommen haben. Zum Beispiel nehmen die Eheleute an, dass sexuelle Probleme in den ersten Phasen nach der Hochzeit schlimme und tiefe Spuren in Bezug auf das Erlangen von sexueller Zufriedenheit hinterlassen würden. Jedoch darf der Mann aufgrund der Probleme, die er in der Hochzeitsnacht oder in den ersten Tagen seiner Ehe erlebt hat, nicht denken, dass er in sexueller Hinsicht schwach und ungenügend sei. Denn dies ist ein Zustand, der jedem widerfahren und sich von Mensch zu Mensch unterscheiden kann. Dieser Zustand wirkt sich am meisten auf die psychischen und charakterlichen Merkmale eines jeden Einzelnen der Eheleute aus. Als Folge des Problems machen sich Kummer, Anspannung und allgemeine Probleme im Leben des Ehepaares bemerkbar. Natürlicherweise beeinflusst die sexuelle Aktivität der Eheleute ihre Ehe in hohem Maße.

Während in erster Hinsicht die sexuelle Vereinigung den Grund und die Folge einer Ehe darstellt, hängt der Erfolg der Ehe ebenso davon ab. Außerdem ist sie ein Indikator für die Wonne, welche die Eheleute in ihrer Ehe empfinden.

Solange beide Ehepartner verständnisvoll und einfühlsam miteinander umgehen, werden beide ihre sexuelle Zufriedenheit erlangen. Wenn der Geschlechtsverkehr beiden Ehepartnern Vergnügen bereitet, so wird sich dies auch auf den Umgang miteinander auswirken, indem bestimmte Fehler ignoriert, Fehlverhalten bewusst nicht wahrgenommen und somit eheliche Konflikte gelöst werden können.

Es gibt viele Bücher, die zu diesem Thema verfasst worden sind. Allerdings wollen wir im Folgenden lediglich auf einige Punkte eingehen, die in Bezug auf die Verhinderung von Streit und Diskussionen in der Ehe, sowie die Läuterung der Seele, eine relevante Rolle spielen.

Die hilfreichen Faktoren im Hinblick auf die Harmonie und das Erfahren von sexueller Zufriedenheit beider Seiten können in den vier folgenden Grundsätzen zusammenfasst werden.

a) In erster Linie sollte man vermeiden, in der Gegenwart einer jungen Frau, die bald heiraten wird, über die Erschwernis des ersten Geschlechtsverkehrs zu sprechen und die dabei empfundenen Schmerzen zu erwähnen, damit sie durch falsche Vorstellungen keine Angst bekommt. Dem entgegen sollte ihr verdeutlicht werden, dass dies ein äußerst natürliches Ereignis im Leben der Menschen ist, und dass der Gesandte Allāhs

ﷺ sagte, dass die Eheleute bei Allāh ﷻ belohnt werden, wenn sie den Geschlechtsakt miteinander vollziehen. Als der Gesandte Allāhs ﷺ seinen Gefährten berichtete, dass man für den Geschlechtsverkehr in der Ehe belohnt wird, wunderten sich seine Gefährten, da man doch in der besagten Situation seine Begierde stillt und trotzdem einen Lohn erhält. Daraufhin sagte der Gesandte Allāhs ﷺ: *„Meint ihr nicht, dass, wenn er dies auf verbotene Weise erfüllen würde, auf ihm Sünde wäre? Und ebenso ist es, wenn er dies auf erlaubte Weise tut, dann bekommt er dafür Belohnung."*[97] Zudem sollten die Heiratskandidaten wissen, dass der erste Geschlechtsverkehr keine (langfristigen) negativen Auswirkungen auf ihre Ehe haben wird.

b) Die wichtigsten Elemente des Geschlechtsvekehrs sind Liebe und das gegenseitge Verlangen. Demnach darf für den Geschlechtsakt keine bestimmte Zeit festgelegt werden. Denn dies hängt vollkommen vom gegenseitigen Verlangen ab und entwickelt sich entsprechend der Lust der Eheleute.

c) In Bezug auf den Geschlechtsakt müssen Angst, Anspannung oder Zweifel beseitigt werden. Denn Angst stellt die wichtigste Ursache für den Misserfolg des Geschlechtsverkehrs oder die Enttäuschung dar, da die sexuellen Bedürfnisse nicht wie gewünscht gestillt wurden. In diesem Zusammenhang darf man nicht vergessen, dass ein Großteil der sexuellen

---

[97] Muslim, *Zakāt*, 53.

Probleme, mit denen sich Menschen an Ärzte wenden, nicht auf körperliche, sondern psychische Umstände (wie Angst, Zweifel etc.) basieren.

d) Für eine positive Haltung gegenüber dem Geschlechtsverkehr bedarf es zunächst einer Belehrung beider Seiten in Bezug auf die Angelegenheiten der Sexualität. Im Verhältnis zur Frau ist dies einfacher für den Mann. Demnach ist der Mann verpflichtet, gewisse Vorbereitungen für den Geschlechtsakt zu treffen. Und wenn er nicht imstande dazu ist, diese Vorbereitungen durchzuführen, so besteht kein Grund zur Beunruhigung. Unter diesen Vorbereitungen sind bestimmte Schritte zu verstehen, welche den Geschlechtsverkehr erleichtern sollen. Allerdings dürfen hierfür keine pornographischen Filme und Bilder, welche im Islām streng verboten sind, zu Hilfe genommen werden. Während solche Medien keinerlei Nutzen bringen, ziehen sie zahlreiche Probleme nach sich. Denn sie sperren den Mann in eine Fantasiewelt ein und rufen sexuelle Unersättlichkeit in ihm hervor. Überdies bedeutet dies die Missachtung der Grenzen Allāhs ﷻ und der Verlust von moralischen Werten, was dazu führt, dass man sowohl sein Diesseits als auch sein Jenseits verliert. Des Weiteren rühren Probleme wie sexuelle Unlust und Apathie stets von der Begehung von Sünden, die Allāh ﷻ verboten hat, her.[98]

[98] Pornographische Bilder, welche die moralischen Werte einer Gesellschaft zerstören und durch verschiedene Medienapparate veröffentlicht werden, bilden

9. Das Heranziehen eines Schlichters bei Bedarf

(Die Möglichkeit, sich an einen islamischen Schlichter zu wenden, gehört zu den bedeutendsten Versicherungsarten der Ehe.) Allāh, der Erhabene, sagt im edlen Qur'ān: ***„Und wenn ihr Widerstreit zwischen den beiden befürchtet, dann setzt einen Schiedsrichter aus seiner Familie und einen Schiedsrichter aus ihrer Familie ein. Wenn sie (beide) eine Aussöhnung wollen, wird Allāh sie (beide) in Einklang bringen. Gewiss, Allāh ist Allwissend und Allkundig.“***[99] Wenn Eheleute unfähig sind, ihre Probleme untereinander zu lösen, beginnt in der Regel jeder Einzelne den anderen zu beschuldigen. Jedoch ist es besser, sich an einen Schlichter zu wenden, nachdem sie alle erdenklichen Möglichkeiten für die Lösung ihrer Probleme genutzt haben. Die Bestimmung des besagten Schlichters erfolgt auf diese Weise: Jeder Ehepartner wählt jemanden aus seiner eigenen Familie als Schiedsrichter aus und schildert diesem seine Probleme und Beschwerden in Bezug auf den anderen. Vielleicht bedrückt die Frau oder den Mann etwas, was sie oder er nicht offen sagen kann. In den meisten Fällen sind es die Väter, ältere Geschwister oder

---

eine der schlimmsten Gefahren, welche die Familie bedrohen. Wir sind schon vielen Menschen begegnet, welche in diese Fallen getappt waren und ihre Familien im Stich ließen, nur um ihre Begierden woanders zu stillen. Aus diesem Grund dürfen wir niemals vergessen, dass wir eine sehr große Verantwortung tragen und in erster Linie unsere Generation vor diesen Gefahren schützen müssen. An dieser Stelle ist es wichtig, den Befehl der früheren Propheten an ihre Völker zu verinnerlichen, welcher folgendermaßen lautete: *„Wenn du dich nicht schämst, so tue, was du willst."* (Anmerkung des türkischen Übersetzers)

[99] an-Nisā', 4:35.

andere Angehörige der Familien, die als Schiedsrichtiger eingesetzt werden. Was die Qualifikation des Schlichters angeht, so muss er erfahren sein, die Fähigkeit besitzen, den wahren Gehalt der Vorfälle und Konflikte zu erkennen, und die reine Absicht besitzen, die Eheleute wieder miteinander zu versöhnen. Wenn diese Bedingungen erfüllt sind, werden die Schiedsrichter imstande sein, das Problem auf die beste Weise darzulegen, die Ursache des Problems zu ergründen und dem verheirateten Paar auf angemessene Weise und mit ausgewählten Worten Ratschläge zu erteilen, ohne das Feuer der angespannten Situation weiteranzufachen. Somit können die Eheleute gemeinsam einen geeigneten Weg zur Lösung ihrer Konflikte beschreiten und ihre Fehler eingestehen. Als Ergebnis werden beide den Frieden, die Lösung ihrer Probleme und die Läuterung ihrer Beziehung akzeptieren. Außerdem bezweckt die Aufforderung im Qur'ān, auf beiden Seiten je einen Schiedsrichter zu bestimmen, die Verhinderung der Verbreitung von ehelichen Geheimnissen des Paares in der Öffentlichkeit.

Sofern in der Verwandtschaft keine geeignete Person, welche die Bedingungen eines Schiedsrichters erfüllt, gefunden werden kann, so ist die Einsetzung eines Familienfreunds als Schiedsrichter möglich, der die o.g. Bedingungen erfüllt und in Bezug auf seine Frömmigkeit und Lage vertrauenswürdig ist.

Die Eheleute dürfen sich nicht gegen die Lösung ihrer Konflikte stellen. Denn die Verkomplizierung des Problems bringt der Familie keinerlei Nutzen. Jeder Einzelne sollte sich trotz der Fehler und des falschen Benehmens seines/r Partners/in bewusst machen, dass er/sie auch gute Eigenschaften und positive Merkmale besitzt.

IV. Häufige Probleme in der Ehe und Lösungsstrategien

1. Sturheit des/r Ehepartners/in[100]

Ehepartner mit Trotzverhalten, begleitetem Beharren auf eigener Meinung und fehlendem Willen zur Verständigung führen die Ehe auf einen dornigen Pfad mit schlimmen Folgen, die sich niemand wünscht. Aus diesem Grund gehört die Sturheit zu den größten Problemen in der Ehe. Doch was sind die Ursachen, die einen Menschen dazu führen, trotzig und stur zu sein. Im Folgenden werden wir diese untersuchen.

A. Allgemeine Ursachen von Sturheit

a. Das Trotzverhalten einer Person reicht in die ersten Lebensphasen zurück und liegt in der falschen Erziehung und dem Aufwachsen in der Kindheit, begründet, worin die Formung der Persönlichkeit stattfindet.

---

[100] Der Autor behandelt dieses Thema frauenzentriert. Jedoch ist die Sturheit eine Eigenschaft, die bei beiden Geschlechtern vorkommen kann. Angesichts dieser Tatsache werden wir versuchen, dieses Thema allgemein zu erörtern. Was die nächsten Themen angeht, werden wir dem selben Pfad folgen. Denn wir beabsichtigen mit diesem Buch nicht das Verurteilen oder die Beschuldigung einer bestimmten Seite. Dementgegen bezwecken wir, einige hilfreiche Tipps zur Berichtigung von negativen und schädlichen Eigenschaften zu geben. Sowohl Frauen als auch Männer können mitunter einen Nutzen aus diesen Anregungen ziehen. (Anmerkung des türkischen Übersetzers)

b. Die Sturheit kann eine Reaktion auf die unterdrückende Haltung des Ehemannes sein, der über die Interessen seiner Frau hinweg über familiäre Angelegenheiten entscheidet, ihre Gedanken und Ideen stets herabwürdigt und geringschätzt. In unserem Umfeld begegnen wir oft Personen, welche der Meinung sind, dass die Ansichten der Frauen keinerlei Wert haben und die Beratung mit ihnen zum Misserfolg führen würde. Diese Auffassung ist vollkommen falsch und widerspricht völlig der Botschaft des Islāms. Das folgende Ereignis mit Umm Salama رضي الله عنها, welche die Muslime vor der Gefahr des Ungehorsams gegenüber Allāh عز وجل und Seinem Gesandten صلى الله عليه وسلم bewahrte, genügt, um die Bedeutung der Wertschätzung der Ansichten der Frauen zu verdeutlichen. „Als das Abkommen von *Al-Hudaibiyyah* geschlossen wurde, befahl der Gesandte Allāhs صلى الله عليه وسلم seinen Gefährten, ihre Opfertiere zu schlachten, ihre Kopfhaare zu scheren und aus dem Weihezustand (*Ihrām*) auszutreten. Doch aufgrund ihrer Enttäuschung, die *'Umra* nicht richtig vollzogen zu haben, obwohl sie der Stadt Mekka so nahe gekommen waren, zögerten die Gefährten dem Befehl des Propheten صلى الله عليه وسلم Folge zu leisten. Der Gesandte Allāhs صلى الله عليه وسلم, der besorgt über die Verfassung seiner Leute war, ging zu seiner Gattin Umm Salama رضي الله عنها und erzählte ihr, wie seine Gefährten reagiert hatten. Diese sagte: ‚Gehe hinaus, schlachte dein Tier und schere dein Haupt, ohne jemandem etwas zu sagen.' Der Gesandte Allāhs ﷺ folgte ihrem Rat und trat hinaus, um seinen Kopf zu scheren. Als die Leute sahen, was er tat, sprangen sie ohne zu zögern auf und opferten und scherten den Kopf."[101] Dieses Ereignis genügt allein, um die Falschheit der Meinung, dass die Ansichten der Frauen nicht zählen, zu beweisen.

c. Das Gefühl der eigenen Geringschätzung kann ebenfalls ein Faktor für dieses Verhalten sein. Selbstverachtung ist womöglich ein Resultat der Behandlung, die ein Mensch vor der Ehe durch seine Familie erfahren hat. Beispielsweise hat die Familie dem Kind nicht die notwendige Achtung, den Wert und das Selbstvertrauen geschenkt. Jedoch kann dieser Zustand auch als Folge der Umstände einer Ehe auftreten. In diesem Falle gehört die repressive Haltung des Ehemannes, der fehlende Ausdruck des einem Menschen gebührenden Respekts und der Werschätzung, und die Vernachlässigung der grundlegenden Bedürfnisse einer Frau, sowohl materiell als auch geistig, zu den wichtigsten Einflussfaktoren. All diese Faktoren können bei der Frau das Gefühl der eigenen Geringschätzung hervorrufen. Als Folge wird sie versuchen, dieses

---

[101] Al-Wāqidī, *Kitāb al-Maghāzī*, Beirut, 1966, II/613. Das Abkommen von *Al-Hudaibiyyah* wurde im sechsten Jahr nach der *Hijrah* (im Jahre 628) geschlossen. Da die Bedingungen des Abkommens dem äußeren Anschein nach zu Ungunsten der Muslime waren, führte dies zu der zögerlichen Haltung der Gefährten.

Gefühl zu unterdrücken und sich als jemand mit eigenem Kopf zu präsentieren, indem sie sich stur verhält.[102]

d. Ein weiterer Grund für die Sturheit kann die fehlende Harmonie zwischen Eheleuten sein. Einer der Ehepartner fühlt, dass sein Charakter und der seines Gegenübers nicht zusammenpassen und vollkommen unterschiedlich sind. Es kann aber auch sein, dass der Ehemann seine schlechten Gewohnheiten nicht ablegen oder ungewöhnliche Traditionen nicht aufgeben möchte. Als Folge der fehlenden Harmonie im Eheleben und der Tatsache, dass eine Frau den Lebensstil ihres Mannes nicht hinnehmen möchte, kann stures Verhalten im Alltag beobachtet werden.

e. Sturheit oder Trotzverhalten im Eheleben kann auch von der Nachahmung der eigenen Eltern herrühren. Eine Frau, die beispielsweise aus einer Familie stammt, in der die Mutter eine maßgebende und autoritäre Rolle spielt, kann dem Beispiel ihrer Mutter folgen, indem sie stets das letzte Wort im Haus haben möchte. Solche Frauen entscheiden sich sogar bei der Wahl des Ehegatten für einen Mann mit einem schwachen

---

102 In der Abschiedspredigt des Gesandten Allāhs ﷺ, die eine Art der Zusammenfassung seiner Botschaft an seine Gemeinschaft (*Ummah*) war, kam er insbesondere auf die Frauen zu sprechen. In dieser Predigt erklärte er den Muslimen, dass *„die Frauen ihnen von Allāh anvertraut wurden"*. Anhand dieser bezeichnenden Worte, die auf eine hervorragende Weise den Wert der Frauen deutlich machen, sagen wir, dass unsere Frauen jede Art von Anerkennung und Zuneigung verdienen. (Anmerkung des türkischen Übersetzers)

Wesen, damit sie ihre Absichten und Ziele leichter verwirklichen können.

B. Lösungsstrategien gegen Sturheit

In erster Linie sollte das Ehepaar die Ursachen, die zum Auftreten dieses Verhaltens führen, unterlassen, um der Sturheit gegenzusteuern. Falls sich dieses Verhalten im Charakter einer Person festgesetzt hat, obliegt ihrem Partner, nach Möglichkeit Auseinandersetzungen zu vermeiden. Auf diese Weise wird eine Person beobachten können, dass ihr Partner nach und nach umgänglicher wird. Der Zeit kommt hier in Bezug auf die Regelung des Problems eine wichtige Funktion zu, auch wenn sie nicht den größten Einflussfaktor darstellt. An diesem Punkt wird jemand, der mit einer sturen Person verheiratet ist, durch seinen Respekt, seine Liebe, Nachsicht und die Vermeidung von Kränkungen imstande sein, ihr Herz zu erobern, und ihr zu helfen, einen umgänglichen Charakter zu gewinnen.

Wir möchten den sturen Ehepartnern ein paar Ratschläge mitgeben, die sie stets bedenken sollten. Sture Menschen sollten wissen, dass sie mit ihrer Sturheit das Ende ihrer Familie vorbereiten. Denn es kann ein Moment kommen, indem die Gegenseite die Geduld verliert und falsche Entscheidungen in Eile trifft. Somit ist das Trotzverhalten einer Person höchstpersönlich für die Umstände verantwortlich, deren Präsenz sie sich nie gewünscht hätte. Zudem werden solche sturen und schwer umgänglichen

Verhaltensweisen von der Religion, ihren Gesetzen und den Sitten abgelehnt. Allāh, der Erhabene, hat im Qur'ān verdeutlicht, dass der Mann eine schützende Funktion gegenüber seiner Ehefrau ausübt, und weist somit darauf hin, dass die Frau sich mit einer umgänglichen Wesensart gegenüber ihrem Ehemann verhalten soll.[103] In dem folgenden Hadīth erklärte der Gesandte Allāhs ﷺ, u.a. wie eine Frau sich gegenüber ihrem Ehegatten zu verhalten hat: *„Wenn die Frau ihre Fünf (Gebete) betet, ihren Monat (Ramadān) fastet, ihren Schambereich bewahrt und ihrem Mann Gehorsam leistet, wird ihr gesagt: ‚Tritt ein in das Paradies, von welchem Paradiestor du auch magst.'"*[104]

Einst kam die Tante von Hussein ibn al-Mihsān zum Gesandten Allāhs ﷺ. Der Gesandte Allāhs ﷺ fragte sie: *„Hast du einen Ehemann?"* Als sie mit „Ja" antwortete, fragte er sie: *„Warum bist du ohne ihn hier?"* Die Frau erwiderte: „Ich kann nicht mehr mit ihm zusammen sein. Aus diesem Grund habe ich ihn verlassen." Daraufhin sagte der Gesandte Allāhs ﷺ: *„Wie kannst du über deinen Mann so etwas sagen. Er wird entweder der Grund für dein Betreten des Paradieses oder des Höllenfeuers sein."*[105]

---

[103] Der Autor macht an dieser Stelle auf den 34. Vers der Sure an-Nisā' aufmerksam. Auf der Grundlage dieses Verses dürfen sich Eheleute nicht wie zwei Rivalen verhalten und ihre Beziehung auf der Basis von Sturheit und Trotz aufbauen. Dagegen sollten sie bestrebt sein, das Niveau ihrer gegenseitigen Unterstützung und Harmonie auf der obersten Stufe zu halten. (Anmerkung des türkischen Übersetzers)

[104] Ahmad ibn Hanbal, *Musnad,* Hadīth-Nr.: 1661.

[105] Ahmad ibn Hanbal, *Musnad,* 4/341; 6/419.

Mu'ādh ibn Jabal ﷺ berichtete, dass der Gesandte Allāhs ﷺ folgendes sagte: *„Wenn ich irgendjemandem befohlen hätte, sich vor einem anderen niederzuwerfen, so hätte ich angeordnet, dass die Ehefrau sich vor ihrem Ehemann niederwirft. So seid gewiss, dass eine Frau das Recht ihres Herrn solange nicht erfüllt hat, bis sie ihren Pflichten gegenüber ihrem Ehemann vollständig nachgeht."*[106]

Umāma bint al-Hārith ﷺ ermahnte ihre Tochter in Bezug auf die Ehe folgendermaßen: „Wenn du dich mit deinem Ehemann verbunden fühlst und ihm Gehorsam leistest, so wird er sich gleichermaßen mit dir verbunden fühlen und dir gegenüber folgsam sein. Wenn du ihm gegenüber wie der Erdboden (von allen Seiten großmütig) bist, so wird er für dich wie der Himmel sein (, der nicht aufhört, barmherzig zu sein)."

---

[106] Ibn Mājah, *Nikāh*, 4; Abū Dāwūd, *Nikāh*, 40; At-Tirmidhī, *Radā'a*, 10. Wenn es um das Thema der Frauenrechte geht, führt dieser Hadīth häufig zu Diskussionen. Doch wenn wir sämtliche Ahādīth in ihrer Gesamtheit betrachten, sehen wir, dass die Pflicht des dem Ehemann gebührenden Respekts und der Liebe, da er sowohl die materielle als auch moralische Verantwortung gegenüber seiner Ehefrau und Familie trägt, anhand eines Vergleichs verdeutlicht werden soll. Aus diesem Grund bedeutet eine Verdrehung dieses Hadīth' die Unkenntnis der allgemeinen Botschaft des Islāms. Angesichts der Tatsache, dass es heutzutage junge Frauen gibt, die für den Mann, den sie verzweifelt lieben, Selbstmord begehen, so ist es angebracht, diesen Hadīth, der mit Hilfe eines Vergleichs erklärt, dass eine Frau ihren Ehemann auf angemessene Weise respektieren soll, mit Blick auf die menschliche Realität anzunehmen. Zudem sollte man nicht vergessen, dass ein Mann, der auf der Grundlage des islamischen Benehmens aufgewachsen ist, die Anerkennung und Verbundenheit seiner Ehefrau ihm gegenüber niemals missbrauchen, sondern bestrebt sein würde, ihr mit dem gleichen Respekt und der Zuneigung entgegenzukommen. Denn die Frau, welche seine Gattin ist, ist gleichzeitig eine Mutter, der das Paradies unter ihre Füße gelegt wurde, und somit die größte Anerkennung verdient. (Anmerkung des türkischen Übersetzers)

Somit wird niemand einen Schaden erleiden oder auf irgendeine Weise an Wert verlieren, wenn er seinem Lebenspartner gehorcht und seine Anerkennung gewinnen will. Der Gehorsam war niemals ein Mittel, dass den Wert eines Menschen vermindert. Allāh, der Erhabene, hat es so bestimmt, dass die Fortdauer des Lebens von der Befolgung bestimmter Gesetze und Regulierungen abhängt. Aus diesem Grund ist es unvermeidlich, dass es neben einem Herrscher auch Beherrschte, und neben Festhaltenden etwas, woran festgehalten wird, gibt. Der Mann ist das Familienoberhaupt. Selbstverständlich bedeutet dies nicht, dass er seine Frau schlecht behandeln, ihr Unrecht antun und sie unter Druck setzen darf. Dementgegen muss ein Familienoberhaupt richtungsweisend für seine Familie sein und gewisse materielle und moralische Verantwortungen übernehmen. Schließlich leistet jeder Mensch auf irgendeine Weise gegenüber jemandem Gehorsam und unterwirft sich ihm. Deshalb sollte der Gehorsam und die Verbundenheit der Frau gegenüber ihrem Ehemann nicht als ein Problem aufgefasst werden. Vielmehr trägt dies in Form von Liebe und Respekt zum ehelichen Zusammenleben bei. Als Ergebnis dieser Liebe, des Respekts und der Harmonie kann das Wohlgefallen Allāhs ﷻ erlangt werden, denn das Wohlgefallen Allāhs ﷻ ist schlichtweg der wertvollste Gewinn in dieser Welt.

2. Eifersucht

Die maßvolle Eifersucht einer Person für ihren Lebenspartner ist wichtig und ein gewünschter Zustand. Denn jemand der keine Eifersucht für seine Lebenspartnerin hat, ist auf einem falschen Pfad, auf dem er sich immer mehr von der Barmherzigkeit Allāhs ﷻ entfernt. Die lobenswerte und notwendige Eifersucht, die wir meinen, ist eine Form der Eifersucht, die sich auf die Handlungen des Partners, die Allāh ﷻ verboten hat, das Alleinsein mit dem anderen Geschlecht oder das unterwürfige und anziehende Sprechen bezieht. Denn mit Hilfe dieser Eifersucht strebt der Mann die Bewahrung seiner Ehre und Stellung an.

Die Eifersucht ist ein Gefühl, das sich von Mensch zu Mensch unterscheidet und abhängig von der Bildung, der Psyche und dem Charakter einer Person variiert. Wenn sie maßvoll ist, wird sie nützlich sein. Eine krankhafte Eifersucht hingegen liegt vor, wenn man bei jeder Sache einen Verdacht schöpft und stets misstrauisch gegenüber seinem/r Lebenspartner/in ist. Diese Art von Eifersucht kann sich zu einem Feuer entwickeln, dass die Ehe verbrennen wird. Überdies kann eine Ehe durch die krankhafte Eifersucht unerträglich werden. Aus diesem Grund wird jemand, der die Saat des Zweifels sät, gezwungen sein, Dornen zu ernten. Einer übertriebenen Eifersucht liegen stets Zweifel und Misstrauen zugrunde. Jemand, der aus diesem Blickwinkel auf seine/n Lebenspartner/in schaut, wird wohl oder übel das Ende seiner Familie herbeiführen. Ein Sprichwort besagt: „Vertrauen schafft Vertrauen und Misstrauen sät Misstrauen."

Einer, der bei jeder Kleinigkeit seiner Lebenspartnerin misstraut, schadet in Wirklichkeit sich selbst. Er bildet sich ständig irgendwelche unbegründeten Szenarien und Vorstellungen ein. Wenn die Frau unter einem schwachen Glauben (*Īmān*) leidet, so kann sie als Folge der krankhaften Eifersucht und des Misstrauens leicht in Sünde fallen – möge Allāh ﷻ davor bewahren.

Aufgrunddessen verbot der Gesandte Allāhs ﷺ die Rückkehr nach Hause ohne Vorankündigung, da dies den Eindruck erwecken könnte, jemanden auf frischer Tat ertappen zu wollen.[107]

Der Gesandte Allāhs ﷺ sagte in Bezug auf die Eifersucht: *„Es gibt zwei Arten von Eifersucht, eine, die Allāh liebt, und eine, die Allāh verabscheut. Die Art, die Allāh liebt, ist diejenige Eifersucht, die auf einem wirklichen Zweifel aufgebaut ist. Und die Art, die Allāh verabscheut, ist diejenige Eifersucht, für die es keinen wirklichen Grund gibt."*[108]

An den gläubigen Familienvater: Du hast deine Ehefrau gemäß den islamischen Richtlinien ausgewählt, so wie es Allāh ﷻ befohlen hat. So Allāh ﷻ will, ist deine Frau gläubig und ehrenhaft, und sie wird nichts tun, was innere

---

[107] Dieser im vorigen Kapitel erwähnte Hadīth beinhaltet Ermahnungen für jene, die eine längere Zeit von ihrer Wohnung abwesend waren.
[108] Ibn Mājah, *Nikāh*,56.

Zweifel und unangebrachte Eifersucht hervorrufen würde. So bedrücke weder dich selbst noch deine Mitmenschen.

Manchmal kann es auch vorkommen, dass die Frau ihren Gatten unbeabsichtigt in die Eifersucht treibt. Beispielsweise unterhält sie sich in der Gegenwart ihres Mannes mit einem anderen oder spricht lobende Worte über einen anderen Mann. Durch solche Worte könnte den Ehemann der Gedanke befallen, dass seine Frau Gefühle für diese Person hat oder mehr von ihr hält als von ihrem Ehemann. Als Folge wird er eifersüchtig auf diese Person sein und sich zornig gegenüber seiner Frau verhalten. Frauen, die mit ihrem Verhalten ihre Männer auf diese Weise in die Eifersucht treiben, sind zumeist sehr unerfahren oder unvorsichtige Personen, die sich ihr eigenes Leben schwer machen.

Die Unterhaltung einer Frau mit einem anderen Mann kann auch auf eine Vorgeschichte zurückgehen. Zum Beispiel kann es sich bei dem Mann, mit dem sie redet, um ihren Ex-Verlobten oder, falls sie geschieden war, ihren Ex-Mann handeln. Dies alles kann Eifersucht beim Ehemann hervorrufen und ihn sehr starke Wut empfinden lassen.

Ein Dichter verfasste einmal diese richtigen Verse über die Eifersucht:

Wie schön die Eifersucht zur richtigen Stelle
und zur richtigen Zeit doch ist
Wenn sie aber unangebracht ist, ist die Eifersucht schlecht
Jemand, der ständig seine Ehegattin beschattet und verdächtigt
Wie schade, denn du folgst lediglich einem Verdacht
Mit diesem Verhalten schleifst du deine Ehegattin
Mit deinen eigenen Händen an ungewollte Orte
Wenn du deine Ehegattin beschützen möchtest
So genügen Ehrenhaftigkeit und Moral, wenn du nur wüsstest
Keine Bange! Niemand wird an dir zweifeln
Denn eine Frau kann nicht getrennt von ihrem Mann bleiben.

A. Die Gefahren der Eifersucht

Die o.g. krankhafte Eifersucht ist eine psychische Störung. Wenn diese Störung nicht behoben wird, können die Zweifel und die Eifersucht einen Mann unbewusst zu bestimmten Handlungen bewegen. Die Scheidung und die Zerstörung der Familie sind das Geringste, was hierbei passieren kann. Später wird oft Reue empfunden, doch leider nützt die Reue dann nichts. Erst dann, wenn es zu spät ist, sieht der Ehemann ein, dass er bestimmte Situationen falsch gedeutet hatte und seine Zweifel gegenüber seiner Ehefrau unbegründet waren. Es gibt viele Berichte über Vorfälle, die mit Mord endeten. Der Grund hierfür ist der unnötige Argwohn, der sich in den Köpfen festgesetzt hat und in keiner Weise der Realität entspricht. Dies ist nichts anderes als eine Art von Eifersucht, die von Unwissenheit herrührt.

B. Wege, um sich vor den Gefahren der Eifersucht zu schützen

a. Man muss aufhören, seinen Vermutungen und Zweifeln zu folgen. Denn das Ergebnis von Vermutungen und Zweifeln ist verheerend. Damit man sich von solchen Gedanken lösen kann, sollte man versuchen, seine Partnerin besser kennenzulernen, Zufriedenheit in Bezug auf ihre Haltung und Verhaltensweisen zu empfinden und keinen Entschluss zu fassen, ohne Gewissheit zu haben.

b. Ein Mann sollte in Bezug auf die Art der Kleidung seiner Ehefrau versuchen, sie von der Befolgung der islamischen Richtlinien zu überzeugen. Denn die Einhaltung der islamischen Vorschriften beim Kleidungsstil der Frau ist der wichtigste Faktor, der zum Schutz vor den Gefahren der sexuellen Gelüste beiträgt. Demnach sollten jene Männer, die angesichts des freizügigen Kleidungsstils ihrer Ehefrauen ein Auge zudrücken, zunächst die notwendigen Ermahnungen und Vorkehrungen in Bezug auf die Kleidung treffen, ehe die Eifersucht aufkommt.

c. Eine Frau sollte jede Art von Verhaltensweisen vermeiden, welche die Zweifel ihres Ehegatten mehren könnten. Sie sollte sich gegenüber ihrem Mann in einer verantwortlichen Stellung sehen, sodass er sich bei Problemen an sie wendet und bei ihr Ruhe, Glückseligkeit und Wärme findet. Zudem sollte sie ihren Ehemann stets mit einem lächelnden Gesichtsausdruck und liebsamen Worten empfangen. Wenn er sie in Bezug auf ein bestimmtes Thema befragt, sollte sie nicht schnell in Panik geraten, sondern offen über das Thema sprechen und ihrem Ehemann helfen, sich von jeglichem Argwohn zu befreien.

d. Außerdem sollte eine Frau die Ansichten und Vorschläge ihres Ehegatten hinblicklich ihres Verhältnisses zu Arbeitskollegen, Nachbarn oder Verwandten respektieren und seine diesbezügliche Sensibilität berücksichtigen.[109] Die nachfolgende Geschichte stellt ein hervorragendes Beispiel zu diesem Thema dar: Eines Tages trug Asmā' ﷺ, die Tochter von Abū Bakr ﷺ, Dattelkerne, die sie in einem Garten gesammelt hatte, auf ihrem Kopf, als sie den Gesandten Allāhs ﷺ traf, der mit einer Gruppe unterwegs war. Er rief sie und brachte sein Kamel zum Niederknien, auf dass sie hinter ihm aufs Kamel steigen und er sie nach Hause bringen könne. Sie war schüchtern und erinnerte sich an ihren Ehemann Az-Zubair ibn al-'Awwām ﷺ und seine Eifersucht.

[109] Selbstverständlich müssen beide Seiten dieses Verständnis zeigen. Genauso wie die Frau, sollte der Mann die Ansichten seiner Ehefrau berücksichtigen, falls sie Vorschläge im Hinblick auf diese Angelegenheit hat. (Anmerkung des türkischen Übersetzers)

Der Gesandte Allāhs ﷺ verstand, dass sie sich schämte, und reitete fort.

Als Asmā' ؓ zu Zubair ؓ kam, erzählte sie ihm, was sich ereignet hatte. Da sagte Zubair ؓ: „Bei Allāh, es betrübt mich mehr, dass du die Dattelkerne tragen musstest, als dass du mit dem Gesandten Allāhs ﷺ geritten wärst." Danach sandte Abū Bakr ؓ seiner Tochter einen Diener als Geschenk.[110]

In dieser Geschichte beobachten wir, dass Zubair ؓ trotz seiner Eifersucht seine Ehefrau sehr liebte und ihr in keiner Weise misstraute oder an ihr zweifelte. Aus diesem Grund drückte er seine Traurigkeit aus, weil seine Frau diese lange Strecke zu Fuß gelaufen war, wobei es ihm lieber gewesen wäre, wenn sie in der Anwesenheit von anderen auf das Kamel des Propheten ﷺ gestiegen und mit ihm nach Hause geritten wäre.

---

110 Al-Bukhārī, *Nikāh,* 107. Aus dieser Begebenheit gehen die Einfühlsamkeit von Asmā' ؓ gegenüber ihrem Gatten, die Fürsorge von Zubair ؓ gegenüber seiner Gattin, und die unverzügliche Hilfsbereitschaft und das tiefe Verständnis des Gesandten Allāhs ﷺ hervor. (Anmerkung des türkischen Übersetzers)

C. Die Eifersucht der Frau

Es besteht keine Notwendigkeit, anhand von Beispielen das Thema über die Eifersucht der Frau in die Länge zu ziehen. Im Allgemeinen wirkt sich das Verhalten von eifersüchtigen Frauen negativ auf das Eheleben aus, indem sie regelmäßig ihre Ehemänner über jede Einzelheit befragen. Eine Frau, die ihrem Mann vertraut und mit ihm geheiratet hat, sollte es nicht zulassen, dass diverse Vermutungen und Zweifel eine richtungsweisende Rolle in ihrem Leben spielen. Denn das Leben ist wie eine Reise, die voll von Problemen und Unannehmlichkeiten ist. Auf dieser Reise sollte die Frau nicht wie ein Staatsanwalt sein, der ihn vor einem Gericht vernimmt, sondern vielmehr eine Anwältin, die ihn verteidigt. Männer mit eifersüchtigen Ehefrauen sollten mit äußerster Milde und Nachsicht mit ihnen umgehen und sich ruhig und zurückhaltend verhalten, bis der Zustand der Eifersucht vorbei ist. Die folgende Tatsache, die der Gesandte Allāhs ﷺ erwähnte, ist bedenkenswert: *„Der Verstand einer eifersüchtigen Person ist derart verschlossen, dass sie nicht den Boden von der Spitze einer Schlucht unterscheiden kann."*[111]

---

[111] Abū Ya'lā, *Musnad,* 8/129-130.

3. Lügen

Zweifellos ist das Lügen eine sehr schlechte Eigenschaft und Angewohnheit. Lügner werden von den Menschen gehasst und sind Personen, die von Allāh ﷻ und dem Paradies entfernt und nah am Höllenfeuer sind. Die schlechteste Seite des Lügens ist, dass sie zur Gewohnheit wird. Je mehr eine Person lügt, desto schwieriger wird es für sie sein, von diesem Verhalten abzulassen. Der nachfolgende Hadīth verdeutlicht diese Tatsache: *„Wahrlich, die Wahrhaftigkeit führt zur Rechtschaffenheit, und die Rechtschaffenheit führt wahrlich zum Paradies. Der Mensch pflegt beharrlich die Wahrheit zu sprechen, bis er zu einem ‚Wahrhaftigen' wird. Und wahrlich, die Lüge führt zum sündhaften Verhalten, und diese Sünde führt zum Höllenfeuer. Der Mensch pflegt so lange zu lügen, bis er bei Allāh als ‚Lügner' eingeschrieben wird."*[112]

Einer Person, die für ihre Verlogenheit bekannt ist, wird stets misstraut, selbst wenn sie die Wahrheit spricht. Wenn in der Familie gelogen wurde, so kann dieser Zustand Vertrauensprobleme zwischen Eherpartnern hervorrufen.

Lüge bedeutet die Verdrehung oder Verheimlichung der Wahrheit. Wenn jemand seinem Ehepartner oder seiner Ehepartnerin eine wichtige Tatsache falsch mitteilt oder sie vor ihm oder ihr verheimlicht und somit das Verständnis der jeweiligen Angelegenheit beeinträchtigt, so ist dies in gewisser Hinsicht eine Art des Lügens.

---

[112] Al-Bukhārī, *Adab*, 69; Muslim, *Birr*, 102-103; Abū Dāwūd, *Adab*, 88.

Der Prophet ﷺ erlaubte das Lügen in drei Situationen. Demnach darf eine Person zur Versöhnung der Menschen, in der Rede mit ihrem Ehepartner und im Krieg lügen.[113]

Was das in dem Hadīth erwähnte Lügen unter Eheleuten angeht, so ist damit das Sprechen von Worten gemeint, die unerträgliche Konflikte in der Ehe verhindern und die Liebe und Bindung zwischen den Ehepartnern stärken. Dazu gehören zum Beispiel das Loben des/r Ehepartners/in und die Rede über seine/ ihre Schönheit, Gutmütigkeit und Höflichkeit. Wenngleich die Ehefrau diese Eigenschaften nicht besitzt, so kann der Mann zumindest mit Hilfe dieser Worte ihr Herz erorbern, ihr Wesen besänftigen und die Liebe und das Verständnis untereinander intensivieren. Diese Haltung wird als elegantes und geistreiches Verhalten klassifiziert. Denn oftmals gefällt es uns, wenn unsere Liebsten Worte des Lobes und der Anerkennung an uns richten. Wenn wir diese Worte vernehmen, fühlen wir eine große Freude und unser Selbstbewusstsein wird gestärkt. Diese Art von Reden betrifft insbesondere die Frau. Jedoch sollte auch die Frau von Zeit zu Zeit gegenüber ihrem Gatten Worte der Anerkennung und des Lobes äußern, indem sie ihm schmeichelnd über die Vorzüglichkeit seines Benehmens, sein Verständnis, seine Herzlichkeit und seine Liebe zu seinen Kindern und seinem Zuhause spricht. Somit wird auch die Frau imstande sein, das Herz ihres Gatten zu erobern, sowie ihm das Gefühl zu geben, glücklich mit ihm

---

[113] At-Tirmidhī, *Birr,* 26.

zu sein, und sein Herz mit Liebe und Zuneigung ihr gegenüber zu füllen. Überdies verhindert diese Art des Verhaltens vielerlei Probleme.

A. Gründe für das Lügen einer Person

Die Hauptursachen für das Lügen des/r Ehepartners/in sind folgende:

a. Das Aufwachsen in einem schlechten Familienumfeld und eine mangelhafte Erziehung. Die Gewohnheit des Lügens kann ein Mensch durch seinen Vater, seine Mutter oder seine gesamte Familie angenommen haben. Diese Tatsache erinnert uns an die Bedeutung der Auswahl des/r richtigen Ehepartners/in, welche wir zu Beginn des Themas erwähnten, sodass wir keine voreiligen Entscheidungen treffen, sondern unseren Beschluss stets überdenken sollten.

b. Wenn eine Person das Verhalten ihrer Eltern nachahmt und sie zum Vorbild nimmt, so kann es passieren, dass sie ihren Brauch zu lügen übernimmt. Beispielsweise wird die Mutter zwar nicht als Lügnerin bezeichnet, jedoch lügt sie hin und wieder, um gewisse materielle Vorteile zu erlangen. Möglicherweise handelt die Mutter auf diese Weise, da ihre materiellen Bedürfnisse nicht vollständig erfüllt werden oder ihr Ehegatte ein geiziger Mann ist. Allerdings kann ihr Verhalten dazu führen, dass ihr Kind sie in der Zukunft nachahmen wird.

c. Das Lügen des Ehemannes kann seine Ehefrau ebenso zum Lügen verleiten. Wenn der Mann zum Beispiel seiner Frau etwas versprochen, jedoch dieses Versprechen nicht eingehalten hat, oder sich von ihr Geld geliehen und es ihr später nicht zurückgezahlt hat.[114] Ebenso kann sie zum Lügen verleitet werden, wenn der Mann eine bestimmte Sache, die ihm seine Frau unter der Bedingung, sie zurückzugeben, zur Verfügung gestellt hatte, ihr nicht wieder aushändigt. (All diese Situationen können eine Frau dazu bringen, zu lügen, obwohl sie dies eigentlich nicht wollte.)

d. Eine Frau lügt oftmals, da sie die Reaktion ihres Ehemannes fürchtet. Wenn ein Mann in Bezug auf die Verbesserung ihres Fehlverhaltens voreilig ist, einen übermäßig jähzornigen Charakter besitzt, und ein Problem, das auf ruhige Art und Weise gelöst werden kann, mit einer überaus zornigen Art angeht, so wird eine Frau aufgrund ihrer Furcht vor seinem Verhalten ihren Ausweg im Lügen finden.

---

[114] Auf den ersten Blick mag es seltsam erscheinen, dass eine Person von ihrem Ehepartner Geld borgt. Jedoch gilt in der islamischen Rechtslehre die Trennung des Besitzes von Mann und Frau, sodass eine Frau ihrem Ehemann Geld leihen kann, wobei sie das Recht besitzt, die verliehene Summe zurückzufordern. Selbstverständlich wäre es optimal, wenn eine Ehe auf der Grundlage des Zusammenhalts aufsteigt. (Anmerkung des türkischen Übersetzers)

B. Wege, um das Lügen zu unterlassen

Das Problem des Lügens unter Eheleuten kann in einem Moment der Liebe, des gegenseitigen Vertrauens und Dialogs behoben werden. Für die Unterlassung des Lügens sollte den Problemen keine große Aufmerksamkeit geschenkt werden, im Gegenteil sollten gewisse geringfügige Fehler ignoriert werden.

Gemäß ihrer natürlichen Veranlagung begegnet uns die Frau als empfindliches Wesen. Hin und wieder wählt sie die Lüge als Ausweg, um Problemen in ihrem Zuhause oder Auseinandersetzungen mit ihrem Ehemann, deren Enstehung sie fürchtet, zu entfliehen. Angesichts dieser Lage ist der Mann verpflichtet, seiner Ehefrau mit höflichen und milden Worten zu verdeutlichen, dass das Lügen ein inakzeptables Verhalten ist und zu einem Vertrauensproblem unter ihnen führen kann. Die richtige Lösung liegt im Sprechen der Wahrheit, wie auch immer die Situation sein mag. Als Folge ihrer Ehrlichkeit wird sich der Ehemann mit der Erlaubnis Allāhs ﷻ bemühen, das Problem selbstbewusst und geduldig anzugehen, ohne sich über seine Frau aufzuregen oder sie zu bestrafen. Eine Frau sollte auf jeden Fall in der Lage sein, über Themen, die ihre natürlichen Bedürfnisse betreffen, offen mit ihrem Ehemann zu reden. Gleichzeitig sollte sie jedoch listige Reden vermeiden, die dazu dienen, bestimmte Forderungen, die ihr Ehemann ablehnt, durchzusetzen. Des Weiteren sollte der Mann bestrebt sein, eine Einigung zwischen seiner Frau und ihm in Bezug auf die strittigen Themen zu finden. Bei der Herbeiführung dieser Einigung zählen Überzeugung und Liebe zu den wichtigsten Mitteln zur Lösung von Problemen. Gleichermaßen werden beispielhaftes Auftreten und das Aufzeigen von eindrucksvollen Vorbildern, die für ihre Wahrhaftigkeit bekannt sind, zur Unterlassung des Lügens beitragen.

Als wir die Gründe, die eine Person zum Lügen verleiten, aufzählten, erwähnten wir, dass bestimmte Verhaltensweisen des Ehemannes die Frau dazu bringen können, zu lügen. Um ein Beispiel zu nennen, setzt der Mann den Wert einer Sache herab, die seine Frau gekauft hat, oder er versucht anzudeuten, dass sie beim Einkauf betrogen worden ist. In solchen Situationen wählt die Frau das Lügen als häufigstes Mittel, um den Belustigungen und Erniedrigungen ihres Mannes aus dem Weg zu gehen. Gleichermaßen bringt ein Mann seine Frau dazu, die Wahrheit geheim zu halten und zu lügen, wenn er ihr absichtlich bestimmte Fragen stellt, die unangenehm für sie sind. Doch ein vernünftiger Ehemann ist jemand, der seine Ehefrau nicht zum Lügen drängt, sondern versucht, den Grad ihrer Wahrhaftigkeit, sowie ihre empfindlichste Stelle herauszufinden, um in seinem Umgang mit ihr vorsichtiger zu sein. Denn diese empfindlichen Stellen unterscheiden sich von Frau zu Frau, je nach der Bedeutung, die eine Frau einer Sache beimisst.

Zudem sollten die Worte der Frau, die oftmals als Lüge wahrgenommen werden, in Wirklichkeit nicht als Lüge klassifiziert werden. Möglicherweise beabsichtigt die Frau mit ihren Worten, aufgrund ihrer Kenntnis von dem wahren Gesicht der Leute in ihrem Umfeld, die Vermeidung von Neid und dem bösen Blick. Frauen pflegen vor allem bei der Fütterung ihrer Kinder kleine Lügen zu sprechen. Dies ist eine Besonderheit der Frau gemäß ihrer natürlichen Veranlagung.[115]

4. Wenn der Mann nicht hilft

Oft beschweren sich die Frauen, weil ihre Ehemänner sie nicht unterstützen. Sind die Männer in der Tat heutzutage ihren Frauen nicht behilflich? Was sind die Gründe hierfür? Im Folgenden werden wir versuchen, diese zu ergründen. Bevor wir über dieses Thema sprechen werden, möchten wir in aller Deutlichkeit zum Ausdruck bringen, dass das Bleiben des Mannes in seinem Haus und die Erledigung der Aufgaben des Haushalts nicht zu den hauptsächlichen Pflichten des Mannes gehören. Aus diesem Grund mögen die Männer zum Missfallen der Frauen diese Art von Haushaltsarbeit nicht.

In dieser Hinsicht sollten Frauen wissen, dass die Unterstützung der Männer bei häuslichen Aufgaben keine

115 Diese kleinen Lügen gegenüber Kindern, die noch nicht in der Lage sind, die Wirklichkeit der Ereignisse in ihrem Umfeld zu erfassen, um sie bei Laune zu halten, sind nicht von großer Bedeutung. Allerdings sollten Familien auch gegenüber kleinen Kindern, deren Auffassungsvermögen sich schon entwickelt hat, vermeiden, zu lügen. Denn der Gesandte Allāhs ﷺ ermahnte eine Frau, die ihr Kind mit den Worten „Komm her, ich möchte dir eine Dattel geben" lockte, indem er sagte, dass dieser Satz als Lüge zählen würde, wenn sie ihm nichts geben sollte. Siehe: Abū Dāwūd, *Adab*, 80. (Anmerkung des türkischen Übersetzers)

religiöse Pflicht darstellt. Wenn ein Mann seiner Frau im Haushalt hilft und ihr keine Last aufträgt, die sie nicht zu leisten vermag, so wird er für dieses Verhalten belohnt. Wenn der Mann seine Ehefrau nicht im Haushalt unterstützt, so hat dies nicht die Verletzung ihrer Rechte zur Bedeutung. Jedoch ist seine Hilfe im Haushalt eine Geste, die der *Sunnah* des Propheten ﷺ entspricht. Es wurde überliefert, dass 'Ā'isha رضي الله عنها das Verhalten des Propheten ﷺ in seinem Haus wie folgt beschrieb: „Er pflegte seine Gewänder selbst zu nähen und seine Schuhe zu flicken."[116]

Wahrlich, der Prophet ﷺ war der beste Ehemann, der je auf der Welt gelebt hat und der seine Familie am besten behandelte. Allerdings ist es für die Männer in der Tat schwierig, sowohl in diesem Punkt als auch in anderen Punkten seinem Beispiel voll und ganz zu folgen. Denn der Mann hat viele Beschäftigungen, die ihm die Unterstützung seiner Frau im Haushalt erschweren. Er trägt die Verantwortung für viele andere Dinge außerhalb des Hauses. In einer Zeit, wie dieser, in der viele kein Erbarmen mit den Armen kennen und ihre Rechte missachten, bis auf Wenige, die Gottesfurcht besitzen, sind die Männer gezwungen, Tag und Nacht zu arbeiten, um den Bedürfnissen ihrer Familien nachzukommen. Unter Berücksichtigung seiner Situation ist es nur schwer

---

[116] Ahmad ibn Hanbal, *Musnad,* 6/256. In der Fortsetzung der Überlieferung sagte 'Ā'isha رضي الله عنها, dass der Gesandte Allāhs ﷺ seine Schafe zu melken und sich selbst zu bedienen pflegte, d.h., dass er in seinem Haus wie die anderen Menschen war. (Anmerkung des türkischen Übersetzers)

vorstellbar, dass ein Mann, der von der Arbeit nach Hause kommt, sich eine kurze Weile ausruht, um dann anschließend zur nächsten Arbeit zu gehen, noch zusätzlich Aufgaben des Haushalts verrichten muss.

Nach diesen Erläuterungen stellt sich die Frage, ob es Situationen gibt, in denen ein Mann verpflichtet ist, seiner Ehefrau zu helfen? Im Folgenden werden wir dieser Frage auf den Grund gehen. Wenn eine Frau völlig erschöpft und abgespannt ist, aber noch viele Aufgaben zu erledigen hat, die sie alleine nicht bewältigen kann (wie in Fällen, wenn das Haus besonders groß ist oder viele Kinder darin leben,) so sollte der Mann seiner Ehefrau in diesen schwierigen Situationen beistehen. Zumindest sollte er keine Erwartungen an seine Frau stellen, zu denen sie nicht imstande ist sie umzusetzen, auf dass er sie später aufgrund der verzögerten Erledigung des Haushalts nicht verurteile. Die grundlegende Regel in Bezug auf dieses Thema lautet, dass der Frau keine Lasten und Aufgaben auferlegt werden dürfen, die sie nicht zu leisten vermag, und wenn ihr solche doch aufgetragen werden, so muss der Ehemann sie dabei unterstützen. Gleichzeitig sollte sich eine Frau nicht über diese Art von Aufgaben beklagen und die Erwartungen ihres Ehemannes kritisieren und damit sein Leben erschweren, indem sie sich mit ihm darüber streitet. Vielmehr sollte sie Zuflucht bei der Hilfe Allāhs ﷻ suchen, Der auf die Bittgebete Seiner Diener antwortet und der beste Helfer ist. In Bezug darauf stellt der Rat des Propheten ﷺ an seine Tochter Fātima رضي الله عنها ein wunderbares Beispiel dar. Als Fātima رضي الله عنها völlig erschöpft von den Arbeiten im Hause war (sie zog Wasser aus dem Brunnen herauf und mahlte Getreide mit ihrer Handmühle) und sich über die Schmerzen ihrer Hände beklagte, kam sie zum Propheten ﷺ und bat ihn darum, dass er zu ihrem Dienst einen Diener einstellen solle. Der Gesandte Allāhs ﷺ sagte zu ihr: *„Nein, ich kann dir keinen Diener geben, solange die Bedürfnisse der Ahl as-Suffah*[117] *noch nicht erfüllt sind. Soll ich dir etwas Besseres raten als das? Du preist Allāh dreiunddreißig Mal (SubhānAllah), wenn du zu Bett gehst, lobst Allāh dreiunddreißig Mal (Al-hamdulillāh) und sprichst den Takbīr vierunddreißig Mal (Allāhu akbar).“*[118] Später äußerte Fātima رضي الله عنها, dass sie den Rat ihres Vaters ﷺ befolgte und ihr in der Tat große Hilfen von Allāh عز وجل zuteilwurden. Wahrlich, Allāh عز وجل wird denjenigen helfen, die Ihn um Hilfe bitten. Denn Er sagt im noblen Qur'ān: ***„Euer Herr sagt: >>Ruft Mich an, so erhöre Ich euch.<<“***[119]

[117] Die *Ahl as-Suffah* waren eine Gruppe von bedürftigen Muslimen, die nach Medina ausgewandert waren und in der *Masjid an-Nabawī* lebten, wo sie ihre Religion erlernten. (Anmerkung des türkischen Übersetzers)

[118] Al-Bukhārī, *Daāwāt*, 11; *Nafaqa*, 6-7.

[119] Ghāfir, 40:60.

5. Respektlosigkeit gegenüber der Familie des/r Ehepartners/in

Im Allgemeinen beruht dieser Fall oft auf vorigen Konflikten zwischen den Familien oder zwischen einem der Ehepartner und der Familie des anderen. Als Folge der Heirat der Frau oder des Mannes mit einer unerwünschten Person treten Probleme des mangelnden Respekts in den Vordergrund. Selbst wenn zuvor zwischen beiden Familien kein Problem herrschte, kann die beharrliche Haltung des Mannes in Bezug auf die Heirat mit einer bestimmten Frau trotz des Widerwillens seiner Familie solche Konflikte hervorrufen. Es kann ebenso das Gegenteil der Fall sein, sodass die Frau entgegen dem Willen ihrer Eltern mit einem Mann heiratet, den sie für ungeeignet halten. Diese Art von Ehen enden zumeist ohne Erfolg. Und wenn sie fortgesetzt werden, so gleichen diese Ehen, bis auf einige Ausnahmen, einem Vulkan, der jeden Augenblick auszubrechen droht. Die allgemeine Ursache für diesen Zustand liegt darin, dass die jungen Frauen und Männer die Ehe mit einer romantischen und idealistischen Sichtweise betrachten und in einer Art Traumwelt leben, die erfüllt von ihren Wünschen und Begierden ist. Die jungen Leute glauben, dass sie nach der Heirat mit jemandem in einer anderen Welt leben werden, in die niemand anders eintreten könne. Jedoch vergessen sie, dass die Familien auch nach der Heirat Einfluss auf die Personen ausüben und einen erheblichen Anteil an ihrem Leben haben werden. Denn niemand ist dazu berechtigt,

den Kontakt zu seiner Familie abzubrechen. Ferner gilt die Ehe als Verwandtschaftsbeziehung, die zur Stärkung der familiären Verhältnisse dient und auf die Vereinigung der Menschen unter einem Dach der Liebe, des Verständnisses und der Güte abzielt. Es braucht nicht viel Zeit zu vergehen, da fallen bereits die Masken der Eheleute und ihre innere Wirklichkeit kommt zum Vorschein. Denn die Menschen ähneln Metallen wie Gold und Silber.[120]
Sobald einer der Ehepartner beginnt, die negativen Seiten des anderen wahrzunehmen, bereut er und redet sich ein, dass diese Person es nicht wert gewesen war, sich seiner Familie zu widersetzen. Somit werden die Probleme immer größer und rücken immer weiter in den Vordergrund. Daraufhin fühlen sich Familien gezwungen, zu intervenieren, wobei sie den ungewollten und unerwünschten Reaktionen der Schwiegertochter und des Schwiegersohnes begegnen. Die kleinste dieser Reaktionen ist Respektlosigkeit. Möglicherweise kann dies zu schwerwiegenderen Problemen führen, sodass die Beschwerden der Schwiegertochter und des Schwiegersohnes, die ihre Schwiegereltern immer weniger respektieren, zunehmen. Diese Situation kommt häufig vor und ist stets allgegenwärtig, gibt es aber jemanden, der daraus eine Lehre zieht?

Wir möchten im Hinblick auf dieses Thema an die Familien folgende Worte richten: Familien dürfen kein Hindernis für die Ehen der Jugend bilden. Wenn die jungen Leute

---

[120] Muslim, *Fadā'il as-Sahāba,* 199.

einen Partner oder eine Partnerin auswählen, der/die ein wohlgeordnetes Leben führt und keinen zweifelhaften Eindruck macht, sollten die Familien ihre Kinder nicht zwingen, eine andere Person zu heiraten. Denn bei der Eheschließung gilt die allgemeine Regel, dass beide Seiten zufrieden über ihre persönliche Entscheidung und Wahl sind. Der Zwang in solchen Angelegenheiten ist nicht angemessen. Abū Huraira رضي الله عنه berichtete, dass der Prophet ﷺ sagte: *"Eine Frau, deren Wiederverheiratung bevorsteht, darf nicht verheiratet werden, bis sie dies selbst zulässt. Dagegen darf eine Jungfrau erst verheiratet werden, wenn sie zuvor nach ihrer Einwilligung gefragt wurde."*[121] Wenn eine Person, die beabsichtigt wird zu heiraten, sowohl die religiösen als auch moralischen Bedingungen erfüllt, sollte eine Familie der Ehe nicht im Weg stehen. Wenn die zukünftige Schwiegertochter oder der zukünftige Schwiegersohn erfahren, dass sie/er unerwünscht ist, wird er/sie gegenüber seinen/ihren Schwiegereltern negative Gefühle empfinden. Nachdem sie geheiratet haben, werden womöglich größere Konflikte entstehen, die diese negativen Gefühle intensivieren.

Wenn die Familie (aus religiöser und moralischer Sicht) mit der Entscheidung ihres Kindes nicht einverstanden ist, sollten sie ihrem Kind raten, bewusster mit diesem Thema

---

[121] Al-Bukhārī, *Nikāh,* 41; Muslim, *Nikāh,* 64-65; Abū Dāwūd, *Nikāh,* 23. In der Fortsetzung der Überlieferung wurde berichtet, dass 'Ā'isha رضي الله عنها den Einwand vorbrachte, dass sich unverheiratete Jungfrauen schämen könnten zu antworten, woraufhin der Gesandte Allāhs ﷺ sagte, dass ihr Schweigen ihre Einwilligung zur Heirat bedeut.

umzugehen, und versuchen, seine Aufmerksamkeit auf die negativen Seiten der Person, die er/sie beabsichtigt zu heiraten, lenken. Wenn ihr Kind jedoch ihren Einwänden und Ermahnungen kein Gehör schenkt und auf seine Entscheidung beharrt, dürfen sie ihr Kind nicht seiner Rechte berauben und es verstoßen. Denn wenn sie dies tun sollten (ihr Kind seiner Rechte berauben und es verstoßen), wird sich die allgemeine Familiensituation verschlimmern. Aus diesem Grund sollten Familien (trotz der Haltungen ihrer Kinder) ihnen in Notfällen zur Seite stehen und die Ersten sein, die ihnen eine helfende Hand reichen und sie unterstützen. Auf diese Weise kann gehofft werden, dass sich die gläubigen Schwiegertöchter und Schwiegersöhne läutern lassen und ihren Zustand verbessern.

Und wir möchten jenen Frauen, welche die Familie ihres Ehegatten nicht respektieren, folgendes sagen: Oh ihr gläubigen Frauen, vergesst nicht, dass es eine religiöse Pflicht für euch darstellt, der Familie eures Ehegatten Achtung entgegenzubringen und sie wertzuschätzen. Denn der Gesandte Allāhs ﷺ sagte: *„Wer unsere Alten und Großen nicht ehrt und wer unseren Kleinen nicht barmherzig ist, der gehört nicht zu uns."*[122] Dieses gute Verhalten wird zu euch und euren Häusern zurückkommen, und euer Ehemann wird euch lieben und zufrieden mit euch sein. Gleichermaßen wird euch die Familie eures Mannes lieben, selbst wenn sie sich am Anfang gegen eure Ehe gestellt hatten. Wenn sie euren

---

[122] At-Tirmidhī, *Birr,* 15.

guten und respektvollen Umgang sehen, werden sie sich in der Position des Älteren zurückhalten, etwas zu tun, was euch missfällt. Denn der Mensch ist ein Sklave der Wohltaten, die ihm erwiesen wurden. Allāh ﷻ sagt im edlen Qur'ān: ***„Ist der Lohn des Guten nicht ebenfalls das Gute?"***[123]

Geehrte Schwestern, manche der Eigenschaften eurer Schwiegereltern, die euch missfallen, können auch von Nutzen sein. Betrachtet sie wie eure eigenen Eltern und geht mit ihnen aufgrund ihrer Stellung als Ältere mit äußerster Milde um. Seid geduldig in Bezug auf ihr Benehmen und bestimmten Eigenschaften, wenn sie eifersüchtig sind oder euch kritisieren, und seid nicht der Grund für die Entstehung von Konflikten. Dem entgegen werdet ihr mit eurer Geduld, dem guten Benehmen und den Wohltaten, trotz ihrer schlechten Behandlung, mit der Erlaubnis Allāhs ﷻ die Zufriedenheit eures Ehegatten und insbesondere das Wohlgefallen Allāhs ﷻ, welches unsere einzige Erwartung und Hoffnung ist, erlangen. Jede von euch liebt es bestimmt, wenn Allāh ﷻ zufrieden mit ihr ist.

Geehrte Eheleute, ihr müsst die Vorurteile über Schwiegermütter überwinden und beginnen, gut über sie zu denken. Die Meisten von ihnen sind im Gegenteil gutmütige Menschen. So bedenkt immer, dass das schlechte Denken zu den Hauptursachen von Problemen gehört. Das schlechte Denken bewirkt, dass die Deutung der Ereignisse in die falsche Richtung geht, sodass ihr

---

[123] Ar-Rahmān, 55:60.

anfangt, falschem Gerede Gehör zu schenken. Denn in den meisten Fällen fasst der Mensch die Ereignisse so auf, wie er denkt. Durch das schlechte Denken kann etwas völlig Normales, was die Schwiegermutter zum Beispiel sagte, falsch gedeutet werden und somit Konflikte und Auseinandersetzungen herbeiführen. Darüber spricht Allāh ﷻ folgendermaßen: ***„O die ihr glaubt, meidet viel von den Mutmaßungen; gewiss, manche Mutmaßung ist Sünde."***[124]

Wenn euer Ehepartner oder eure Ehepartnerin seine/ihre Familie schlecht behandelt, so sollte euch dieser Umstand keineswegs erfreuen. Vielmehr solltet ihr ihn/sie ermahnen und den Rat geben, die Eltern gut zu behandeln und ihre Zufriedenheit anzustreben. Denn die Zufriedenheit Allāhs ﷻ steht im Zusammenhang mit der Zufriedenheit der Eltern.[125]

Versucht nicht, das Verhältnis eures/r Ehepartners/in zu seinen/ihren Eltern zu zerrütten, fürchtet den Zorn Allāhs ﷻ. Die schlechte Behandlung der Eltern zählt als eine der größten Sünden und ihre Bestrafung erfolgt nicht erst im Jenseits, sondern tritt bereits im Diesseits ein. Wir möchten die Männer in Bezug auf dieses Thema an das Folgende erinnern:

Obwohl sie meistens das Opfer in den Auseinandersetzungen zwischen Ehefrau und

---

[124] al-Hujurāt, 49:12.
[125] At-Tirmidhī, *Birr*, 3.

Schwiegermutter sind und aufgrund ihrer Verwirrung und Unfähigkeit, das Problem zu lösen, ständig unter Stress stehen, können manchmal die Männer der Grund für diese Konflikte sein. Und wenn sie nicht der Grund sind, vertiefen sie das Problem unbewusst weiter. Dies ist der Fall, wenn er seine Frau geringschätzt und sie in der Gegenwart seiner Mutter oder eines anderen Familienmitglieds tadelt, wodurch die Frau gegenüber ihrer Schwiegermutter das Gefühl der Erniedrigung und Niedergeschlagenheit empfindet. Gleichermaßen treibt er seine Ehefrau zur Wiederholung falscher Verhaltensweisen, wenn er mit seiner Mutter auf eine unangemessene Weise über bestimmte Angelegenheiten spricht. Ferner kann sein Verhalten den Ausgangspunkt der Konflikte markieren, wenn er keine Anstrengungen unternimmt, um die Probleme zu lösen, sondern die Parteien aufhetzt und die Situation noch weiter durcheinanderbringt, sodass die Probleme sich anhäufen. Ein erfolgreicher Ehemann hingegen behandelt seine Mutter gut und schätzt gleichzeitig seine Frau wert, indem er vor allem in der Gegenwart seiner Familie respektvoll mit ihr umgeht. Weiterhin ist ein erfolgreicher Ehemann bestrebt, die Grundursachen der Probleme, die auftauchen, zu erfassen und eine nutzvolle und für alle zufriedenstellende Lösung zu finden.

Eine Familie muss auf Vertrauen, Liebe und inneren Frieden zwischen den Eheleuten und Schwiegereltern gründen. In solchen Familien beruhen die Entscheidungen des Mannes auf der Grundlage der Gerechtigkeit, selbst wenn sie sich gegen seine Person richten. Solche Männer sind wahre Gefährten für ihre Ehefrauen und sie sind weichherzig und gut zu ihren Eltern.

6. Wenn der Mann einen schlechten Charakter hat und seine Frau schlecht behandelt

Eine der häufigsten Beschwerden der Frauen in Bezug auf ihre Ehemänner, ist das Schlagen, was eine Angelegenheit ist, die auf alte Zeiten zurückführt. Diese Tat des Mannes kann sowohl auf einer leichten Stufe geschehen, als auch hohe Stufen, wodurch der Frau Schmerzen und Schäden zugefügt werden, erreichen. Die Tätlichkeit des Mannes gegenüber seiner Ehefrau kann verschiedene Gründe haben.

A. Wenn die Frau einen schlechten Charakter hat

Die Tätlichkeit des Mannes kann als Gegenreaktion auf das respektlose und aufsässige Verhalten der Frau verstanden werden. Beispielsweise ist die Frau gegenüber ihrem Ehegatten ungehorsam und provokant, sie widersetzt sich ihm in jeder Sache und verleitet ihn mit ihrem Verhalten dazu, sie zu schlagen.

B. Wenn der Mann jähzornig ist

Zu den weiteren Ursachen, die einen Mann zur Ausübung von körperlicher Gewalt gegen seine Ehefrau verleiten, gehört der jähzornige Charakter des Mannes, der sich leicht provozieren lässt, unvermittelt in Wut ausbricht und unfähig ist, sein Verhalten zu kontrollieren, wenn seine Ehefrau ihm etwas Missgefälliges sagt.

Wie bereits oben erwähnt wurde, kann die Frau auch der direkte Grund für die Tätlichkeit des Mannes ihr gegenüber sein. Doch ist das Schlagen eine Lösung, wenn die Frau stur und launenhaft ist?

Der erste Schritt, der gegenüber einer widersetzlichen Frau, die das gute Benehmen und den Gehorsam gegenüber ihrem Ehemann unterlässt, unternommen werden darf, ist der Rat und die gute Ermahnung. Doch wenn sich diese Methode als unwirksam erweist, sollte der Mann als zweiten Schritt das Bett seiner Frau meiden. Wenn aber auch diese Behandlung nicht wirksam ist, dann kommt der Weg der Züchtigung in der Form des leichten Schlagens, ohne Wundflecken auf ihrem Körper zu hinterlassen. Jedoch ist es falsch, wenn der Mann seine Ehefrau bei jeder Kleinigkeit, die ihm missfällt, schlägt. Diese Tat bringt Schaden statt Nutzen. Sofern der Mann die oben angeführten Schritte befolgt und seine Ehefrau mit Milde behandelt, und solange sie Allāh ﷻ fürchtet, wird er den letzten Schritt des Schlagens nicht für erforderlich halten. Der Gesandte Allāhs ﷺ untersagte das Schlagen ins Gesicht, sowie das Verfluchen und gewaltsame Schlagen der Frau. Er ﷺ sagte über dieses Thema: „*Einige unter euch prügeln ihre Frau wie eine Sklavin, und gegen Ende des Tages schlafen sie mit ihr.*“[126] „*Übertreibt nicht, wenn ihr gezwungen seid, sie zu schlagen.*“[127]

Ibn Hajar (rh) schrieb in seinem Werk *Fath al-Bārī* über dieses Thema folgendes: „Falls kein anderer Ausweg bleibt als das Schlagen, sollte es (das Schlagen) fern sein von Gewalt, und keinen Hass hervorrufen. Der Mann darf bei der Züchtigung seiner Frau das Maß nicht überschreiten.“[128] Gemäß einer Überlieferung erklärte der Prophet ﷺ die Rechte der Frau wie folgt: „*Gib ihr zu essen, wenn du selbst isst; kleide sie, wenn du dich selbst kleidest; schlage sie nicht ins Gesicht; verfluche sie nicht und trenn dich nicht von ihr, außer innerhalb des Hauses.*“[129]

Die Ergebnisse unserer Recherchen über die Probleme mit Männern, die ihre Frauen zwecks ihrer Züchtigung schlagen, haben ergeben, dass diese Methode stets das Gegenteil von dem gewünschten Zustand bewirkt hat. Denn die Männer missbrauchen diese Methode, indem sie ihre Frauen wegen Banalitäten schlagen, obwohl ihnen lediglich das leichte Schlagen in schwerwiegenden Konfliktsituationen erlaubt wurde. Dies kann wiederum bei den Frauen Hass und Wut gegenüber ihren Ehemännern hervorrufen und die Probleme weiter vertiefen. Demnach sollten sich die Männer bemühen,

---

126 Al-Bukhārī, *Nikāh*, 93; Muslim, *Jannah*, 49.
127 Ibn Mājah, *Nikāh*, 3; At-Tirmidhī, *Radā'a*, 11.
128 Ibn Hajar, *Fath al-Bārī*, 9/214.
129 Abū Dāwūd, *Nikāh*, 41; Ibn Mājah, *Nikāh*, 3.

sämtliche Probleme mit Empathie, Liebe und gegenseitigem Verständnis zu bewältigen. Hierfür bildet der Gesandte Allāhs ﷺ das beste Beispiel für uns. 'Ā'isha رضي الله عنها erzählte über den Propheten ﷺ folgendes: *„Der Gesandte Allāhs hat niemals eine seiner Frauen oder einen seiner Diener geschlagen; er hat nie etwas mit seiner Hand geschlagen, es sei denn im Kampf auf Allāhs Weg."*[130]

Folglich sollten die Männer in Bezug auf die negativen Eigenschaften, die sie an ihren Ehefrauen wahrnehmen, geduldig sein, während die Frauen ihren Ehemännern Gehorsam leisten und Provokationen vermeiden müssen. Gleichermaßen sollten die Frauen über bestimmte Eigenschaften ihrer Ehemänner hinwegsehen und die Verschärfung der Probleme nicht erst möglich machen, vielmehr sollten sie die Ersten sein, welche die Situation beruhigen und die Glut des Zorns besänftigen.[131]

---

[130] Muslim, *Fadā'il*, 79; Ibn Mājah, *Nikāh*, 61.

[131] Das Thema über das Schlagen der Frau ist eine Angelegenheit, die von gewissen Leuten, welche bestimmte Absichten verfolgen, häufig thematisiert wird. Die in dem Vers des Qur'āns erwähnte Art von Frau spiegelt einen Charakter wieder, der selbst von den Frauen verachtet wird. Ferner sollte die Haltung eines Muslims, der bestrebt ist, ein Träger des hervorragenden Charakters, der im Islām erstrebt wird, zu sein, in Bezug auf die Frauen der in der Aussage des Propheten ﷺ erwähnten Haltung entsprechen. Somit darf die Gewalt des Mannes gegen seine Frau, der nicht den geringsten Anteil an den Tugenden des Islāms hat und jede Art von Sünde begeht, nicht den besonderen Regelungen des Islāms zugeschrieben werden, sondern sollte in den Bestrebungen, die islamischen Tugendeigenschaften vom Leben der Menschen zu verbannen, ergründet werden. Die folgende Aussage von Ibn 'Umar رضي الله عنه bei al-Bukhārī legt offen, inwiefern der Islām die Rolle der Frau veränderte: „Zu Lebzeiten des Propheten ﷺ hüteten wir uns davor, streng zu unseren Frauen zu sein und sie zu schlagen, weil wir fürchteten, ein Qur'ān-Vers würde auf Grund unseres Verhaltens offenbart werden. Nach dem Tod des Propheten ﷺ

7. Wenn die Frau vortäuscht krank zu sein und sich oft beschwert

Im Allgemeinen ist eine Frau, die vorspielt krank zu sein, gereizt und manchmal unberechenbar. In den meisten Fällen handelt es sich bei dieser Art von Frauen um die älteste Tochter, welche die vielen Verpflichtungen ihrer Familie auf sich nehmen und die Lasten des Lebens tragen musste. Selbst wenn sie sich ausruhen, fühlen sich diese Frauen ständig erschöpft. Sie beschweren sich oft über körperliche Ermüdung und Krankheiten. Die Erfahrungen und Beobachtungen der Ärzte besagen, dass bei der Mehrheit der Frauen, die sich aufgrund dieser Beschwerden an sie wenden, keine bestimmte Krankheit diagnostiziert werden kann. Jedoch ist die psychische Verfassung dieser Frauen in einem sehr schlechten Zustand.

Wenn wir das Leben der Frauen mit Nachsicht betrachten, erkennen wir, dass jede Phase ihres Lebens mit gewissen Sorgen und erschöpfender Arbeit belastet ist. Im jungen Alter haben Frauen mit den üblichen Schwierigkeiten und Schmerzen jener Phase zu kämpfen, woraufhin sie in der Ehe mit den Schwierigkeiten der Schwangerschaft und Geburt konfrontiert werden. Nach der Geburt erwarten die Frau schlaflose Nächte und wichtige Verantwortungen, wie das Stillen und die Umsorgung des Babys. Diese Situation kann sich von Frau zu Frau unterscheiden. So wie

---

verhielten wir uns (leider) unachtsamer." Al-Bukhārī, *Nikāh*, 80. (Anmerkung des türkischen Übersetzers) es starke und standhafte Frauen gibt, gibt es auch schwache, ungeduldige und unentschlossene Frauen. Ein Mann mit Weitsicht erleichtert seiner Frau ihre Last, unterlässt die Äußerung seines Unmuts über ihre Worte und ihren Zustand und lenkt sie mit anderen schönen Dingen ab, um sie von ihren Sorgen zu befreien.

Eines Nachts ging der Gesandte Allāhs ﷺ hinaus zum *al-Baqī'*-Friedhof, um die Toten zu begrüßen. Am Morgen trat er bei 'Ā'isha رضي الله عنها ein und sah, dass diese (sich über Kopfschmerzen beklagend) sagte: „Oh mein Kopf!" Daraufhin sagte der Gesandte Allāhs ﷺ: *„Die Krankheit macht sich bereits durch Schmerzen bemerkbar. Bei Allāh, oh 'Ā'isha, ich habe ebenfalls Kopfschmerzen."* (Als sich 'Ā'isha رضي الله عنها weiter über ihre Schmerzen beklagte, begann der Prophet ﷺ mit ihr zu scherzen, indem er sagte:) *„Wenn du noch vor mir stirbst, so besteht kein Grund zur Sorge. Denn ich würde mich um deine Beerdigung kümmern, ich würde dich in ein Tuch einhüllen, dein Totengebet verrichten und dich beerdigen."* Auf diese Worte hin befiel 'Ā'isha رضي الله عنها das Gefühl der Eifersucht, da sie glaubte, dass andere Frauen von ihrem Tod profitieren würden, und sie rief: „Bei Allāh, wenn dies passieren würde und du das Gesagte tun würdest, dann würdest du zurück in meine Heimstätte kommen, wo du dich den Rest des Tages mit einer deiner Frauen vergnügen würdest." Der Gesandte Allāhs ﷺ lachte über die Worte 'Ā'ishas رضي الله عنها, wobei sein Gesicht glänzte.[132]

---

132 Ahmad ibn Hanbal, *Musnad,* 6/144; Ibn Mājah, *al-Janā'iz,* 9.

Trotz seiner eigenen Schmerzen und Krankheit scherzte der Prophet ﷺ mit 'Ā'isha رضي الله عنها, um sie abzulenken, und tadelte sie nicht. Ferner sollten die Männer ihre Frauen im Haushalt unterstützen in der Erwartung der Belohnung bei Allāh ﷻ, wenngleich es ihnen schwer fällt. Wohingegen die Frau ihren Ehemann nicht bedrängen darf und das ständige Klagen aufgeben muss. Vielmehr sollte sie geduldig sein und der Situation standhalten, und sich daran gewöhnen, sich nicht über jede Kleinigkeit zu beschweren. Auf diese Weise kann sie wichtige Vorteile gegenüber Krankheiten und Schmerzen erzielen. Selbstverständlich dürfen medizinische Untersuchungen nicht vernachlässigt werden. Falls die Beschwerden von einer Krankheit herrühren, die einer medizinischen Untersuchung und Behandlung bedarf, darf die Behandlung auf keinen Fall aufgeschoben werden. Denn eine verspätete Behandlung verzögert oder erschwert die Genesung.

Des Weiteren sollten Frauen in Bezug auf Themen der Geburt und Kindererziehung die Hilfe von spezialisierten Fachleuten in Anspruch nehmen. Sicherlich werden sie von den nützlichen Ratschlägen dieser erfahrenen Personen profitieren, um eine Balance zwischen den Wünschen der Kinder und den Aufgaben des Haushalts zu schaffen, sowie ihre Kinder richtig zu erziehen und zu betreuen. Dank dieser Ratschläge werden sie vielleicht weniger Energie verbrauchen und möglichst wenig mit den Nachteilen der Unerfahrenheit zu kämpfen haben.

8. Wenn der Mann geizig ist

Ein weiteres Problem in der Ehe ist die Klage der Frau über einen geizigen Ehemann, der den Bedürfnissen der Familie nicht voll und ganz nachkomme und von den materiellen Gütern, welche die Frau benötigt, nicht ausreichend zur Verfügung stelle. Wenn der Mann jedoch mit diesen Behauptungen seiner Frau konfrontiert und zur Rede gestellt wird, stellt sich heraus, dass die Frau aus einer wohlhabenderen Familie als die des Mannes stammt. Da die Frau vor ihrer Ehe einen bestimmten Lebensstandard genossen hatte und gewohnt war, viele Ausgaben zu tätigen, ist der Ehemann oft nicht imstande, ihre Wünsche und Bedürfnisse zu erfüllen. Dieser Umstand führt dann häufig dazu, dass die Frau ihren Ehemann als geizig und sparsam bezeichnet. Hier muss an erster Stelle der Mann kritisiert werden, da er die Ebenbürtigkeit zwischen ihm und der Frau, die er geheiratet hat, nicht berücksichtigt hat. Die Männer glauben, dass Frauen sich trotz des ökonomischen und sozialen Unterschieds an den Lebensstandard, der ihnen geboten wird, anpassen können. Dies ist jedoch unrealistisch. Jemand, der jahrelang im Wohlstand gelebt hat, ist unfähig, sich in kurzer Zeit an einen neuen Lebensstandard zu gewöhnen. Jeder, der sich die o.g. Situation vergegenwärtigt, wird zustimmen, dass dieser Mann nicht geizig ist. In Wirklichkeit wirft ihm seine Frau aufgrund der Knappheit seines Besitzes vor, geizig zu sein, da sie die Lebensbedingungen nicht weiter ertragen kann.

Demnach sollte der Frau zunächst geraten werden, bei der Veränderung ihres Lebens und der Gewöhnung an einen neuen Lebensstandard geduldig zu sein. Denn am Anfang einer Ehe gibt es stets gewisse Schwierigkeiten und für die Gewöhnung an ein neues Leben bedarf es der Geduld. Dieser Zustand wird keineswegs ständig andauern und Allāh ﷻ wird einen Ausweg aus dieser Situation schaffen. Nach jeder Erschwernis kommt die Erleichterung.

Oh ihr gläubigen Frauen, euch obliegt es, genügsam zu sein. Denn die Genügsamkeit ist ein unerschöpflicher Schatz. Vergesst nicht, dass wahrer Reichtum nicht im Besitz, sondern im Herzen besteht. Seid keine Nachahmerinnen in Bezug auf die weltlichen Angelegenheiten. Denn das Weltliche ist schnell vergänglich. Seid nicht besorgt darüber, dass euch die Gewöhnung an ein neues Leben schwerfällt. Seid besonnen und dankt Allāh ﷻ. Aus dem Vers mit der Bedeutung ***„Wenn ihr dankbar seid, werde Ich euch ganz gewiss noch mehr (Gunst) erweisen"***[133], geht deutlich hervor, dass die Dankbarkeit gegenüber Allāh ﷻ ein Grund für die Vermehrung Seiner Gaben ist. Mit der Erlaubnis Allāhs ﷻ wirst du durch die Genügsamkeit das Paradies betreten und die ewige Erlösung erlangen. Es wurde überliefert, dass der Gesandte Allāhs ﷺ sagte: *„Derjenige ist gewiss erfolgreich, der den Islām angenommen*

[133] Ibrāhīm, 14:7.

hat, dessen Lebensunterhalt gesichert ist und der mit dem, was ihm Allāh gegeben hat, zufrieden ist."[134]

Wenn Allāh ﷻ dem Mann eine reichliche Versorgung gegeben hat, sollte er nicht geizig gegenüber seiner Familie sein. Allāh ﷻ sagt im edlen Qur'ān: ***„Der Wohlhabende soll entsprechend seinem Wohlstand (die Aufwendungen) ausgeben."***[135] Der Gesandte Allāhs ﷺ wies die Männer an, für ihre Gattinnen von den Gaben, die Allāh ﷻ ihnen zuteilwerden ließ, auszugeben, indem er ﷺ sagte: *„Von dem Geld, das du auf dem Wege Allāhs ausgibst, von dem Geld, das du für die Befreiung eines Sklaven ausgibst, von dem Geld, das du ausgibst als Sadaqa für die Armen, und von dem Geld, das du ausgibst für deine Familie, ist der höchste Lohn von dem Betrag zu erwarten, den du für deine Familie ausgegeben hast."*[136] Jemand, der die Möglichkeiten nicht nutzt, die Allāh ﷻ ihm gewährt hat, und geizig gegenüber seiner Familie ist, indem er ihren Lebensunterhalt nicht richtig sicherstellt, hat die Rechte seiner Familie missachtet. Der Gesandte Allāhs ﷺ warnte davor, als er sagte: *„Es ist (schon) genug an Sünde, dass ein Mann jene vernachlässigt, die er zu ernähren hat."*[137] Ferner beschrieb der Prophet ﷺ eine geizige Person als jemanden, die von den Menschen

---

[134] Muslim, *Zakāt*, 125.
[135] At-Talāq, 65:7.
[136] Muslim, *Zakāt*, 39.
[137] Muslim, *Zakāt*, 40; Abū Dāwūd, *Zakāt*, 45.

gemieden wird, und fern von Allāh ﷻ und dem Paradies, und nah am Höllenfeuer ist.[138]

9. Wenn der/die Ehepartner/in unaufmerksam und nachlässig ist

Manche Ehemänner sind verzweifelt und beschweren sich oft über die folgende Situation: Wenn ich heimkehre, finde ich die Wohnung unaufgeräumt wie eine Müllhalde vor, die Kinder haben die Gegenstände überall hingeworfen, meine Frau hat sie sich selbst überlassen und kümmert sich nicht um sie, auf der Kleidung der Kinder sind Essensflecken, die schmutzigen Teller in der Küche wurden lange nicht gewaschen und es wurde kein Essen zubereitet. Angesichts dieses Anblicks fühle ich mich wie benommen und in einer ausweglosen Lage.

Die Frauen hingegen verteidigen sich in der Regel wie folgt: Ich bin eine berufstätige Frau und verdiene genauso wie der Ehemann den Lebensunterhalt meiner Familie. Was kann ich noch für die Kinder tun? Ich lasse sie zu Hause alleine und sie tun, was sie wollen. Ich habe nicht die Möglichkeit, sie zu kontrollieren, denn sie sind Kinder und müssen spielen. Ich kehre von der Arbeit müde und entkräftet nach Hause zurück, wo mich viele Aufgaben

[138] At-Tirmidhī, *Birr*, 40. Am Ende der Überlieferung sagte der Prophet ﷺ, dass eine unwissende und großzügige Person bei Allāh ﷻ besser ist, als eine geizige Person, die Taten der Anbetung verrichtet. (Anmerkung des türkischen Übersetzers)

erwarten, wie die Fütterung der Kinder, Reinigung der Wohnung und Zubereitung der Mahlzeit. Mir wird Unrecht angetan.

Diese Situation ist nur eines von den vielen Problemen einer berufstätigen Frau. In der Tat ist die Aufgabe der berufstätigen Frau wichtig und anstrengend. Doch mit der Erlaubnis Allāhs ﷻ kann mit Hilfe einer optimalen Planung des Tagesablaufs Abhilfe geschaffen werden.

Das größte Problem in Bezug auf die Kinder ist das Fehlen eines nahen Verwandten, der die Betreuung von altersnahen Kindern, die noch nicht in die Schule gehen, übernehmen könnte. Die Lösung besteht im gleichzeitigen Aufstehen mit den Eltern und regelmäßigen Besuch einer Kindertagesstätte. Neben den Mängeln und Gefahren solcher Einrichtungen, erscheinen die Kindergärten als ideale Lösung für dieses Problem. Hier haben Kinder die Möglichkeit, ihre in den winzigen Apartments unterdrückte Energie rauszulassen. Überdies können sie hier ihre Altersgenossen kennenlernen und an gemeinsamen Spielen teilnehmen. Diese Dinge haben positive Auswirkungen auf die Kinder. Nachdem die Kinder wieder zu Hause sind und zu Mittag gegessen haben, bleibt ihnen nach den ganzen Aktivitäten und der Ermüdung nicht viel übrig, als sich auszuruhen und zu schlafen. Für die Zubereitung der Mahlzeiten können einfache und schnelle Gerichte ausgewählt werden, deren Vorbereitung (wie Einkauf und Bereitstellung der Zutaten) schon am Vortag erfolgen kann, sodass die Frau sich weniger bemühen muss. Somit wird die Frau imstande sein, ihre Aufgaben, wie Reinigung und Kochen, besser auszuführen.

Die nachfolgenden Ratschläge werden den Frauen behilflich sein, das Spielproblem der Kinder in bedeutendem Maße zu regeln.

1. Gestaltet für eure Kinder ein besonderes Spielumfeld. Selbstverständlich dürfen die anderen Räume des Hauses für die Kinder nicht tabu sein, jedoch muss ihnen für das Spielen ein spezielles Zimmer vorbehalten sein.
2. Zerbrechliche und wertvolle Gegenstände müssen außer Reichweite der Kinder gebracht werden. Als Stellplatz eignen sich am besten kindersichere Orte, wie hohe Schränke und Regale.
3. Beachtet, dass das Spielzeug der Kinder altersgerecht ist. Beispielsweise interessieren sich Kleinkinder unter zwei Jahren besonders für biegsames Spielzeug aus Kunststoff, das Geräusche macht. In der Regel versuchen sie, die Spielsachen mit dem Mund zu erforschen. Aus diesem Grund muss bei Spielsachen auf die Hygiene geachtet werden. Kinder zwischen drei und fünf Jahren mögen vor allem Konstruktionsspielzeug. Scheppernde Bausteine und –klötze wecken besonders ihr Interesse.
4. Zeigt euren Kindern am eigenen Beispiel, wie sie ihre Anziehsachen in den Schrank aufhängen und die Wohnung stets rein halten können.

5. Haltet Plätze für die Aufbewahrung des Spielzeugs eurer Kinder frei. Helft ihnen, wenn sie ihre Spielsachen aufräumen müssen und bringt ihnen schonend bei, ordentlich zu sein, ohne sie zu tadeln oder zu bestrafen.

10. Wenn die Ehe langweilig wird

Sowohl Männer als auch Frauen beschweren sich oft darüber, dass die Ehe einen lästigen oder langweiligen Zustand angenommen hat. Dabei spielt das Schweigen des Mannes eine wesentliche Rolle, wenngleich Schweigen Gold ist, kann es das Leben eines Menschen ganz schön verdrießen. Zunächst müssen wir uns klar machen, dass die Ehe einem Lebewesen gleicht. Sie bedarf einer besonderen Sorgfalt und Pflege, um das neue und aufregende Leben zu genießen. Wir rufen die Eheleute auf, sich ein innovatives Leben zu verschaffen, indem sie sich mit Hilfe der Selbstverwirklichung erneuern und die Langeweile und den Überdruss aus ihrem Leben verdrängen. Der Überdruss ist ein psychischer Zustand, den eine Person selbst hervorruft. Dabei gelangen diverse schlechte Gedanken in das Innere einer Person und verdrängen die leuchtenden positiven Gefühle. Allāh ﷻ sagt im Qur'ān: ***„Allāh ändert nicht den Zustand eines Volkes, bis sie das ändern, was in ihnen selbst ist."***[139] Versucht demnach zunächst die Gefühle in eurem Inneren

[139] Ar-Ra'd, 13:11.

zu verändern und das Leben aus einer neuen Perspektive zu sehen.
An dieser Stelle möchten wir die folgenden Dinge empfehlen.

1. Es muss in eurem Leben ein Ziel geben, das ihr anstrebt. Die Ehe ist kein Ziel, sondern ein Weg, um das erhabenste Ziel der Ehe zu erreichen. Demnach liegt der Zweck der Ehe darin, die Gesellschaft vor jeglichem Irregehen zu bewahren, die Nachkommenschaft des Menschen zu schützen und auf der Grundlage einer richtigen und fundierten Methodik zu erziehen. Die Erziehung der Kinder ist von großer Bedeutung und sie müssen auf die beste Weise erzogen werden. An erster Stelle muss den Kindern der Qur'ān, die Sunnah, die Lebensgeschichten bedeutender Persönlichkeiten und literarische Werke gelehrt werden, wobei der Erfolg im Unterricht und die Fähigkeiten des Kindes beobachtet werden sollten. Zudem sollte man den Kindern Gefühle, wie Liebe, Fürsorge und Nachsicht, sowie tugendhafte Eigenschaften, wie Zuverlässigkeit, Wahrhaftigkeit, Großmütigkeit, Stärke und Altruismus[140] vermitteln. All diese sind grundlegende Zielsetzungen, um derentwillen Eltern ihre Anstrengungen unternehmen müssen.

[140] Bedeutung von Altruismus: Die Einstellung, dass man die Belange und das Wohlergehen anderer Menschen für wichtig erachtet. (Anmerkung der deutschen Übersetzerin)

2. Eine Frau sollte nach Möglichkeit an der Gesellschaft teilhaben. Wenn sie sich von der Gesellschaft und den Menschen zurückzieht und ein Leben in der Abgeschiedenheit führt, wird sie nach einer Weile des Lebens überdrüssig sein. Sie braucht vor allem in Zeiten der Freude und Trauer den Kontakt zu Nachbarinnen, mit denen sie sich austauschen kann. Der Gesandte Allāhs صلى الله عليه وسلم sagte: *„Der Gläubige, der sich unter die Menschen mischt und die Probleme, die sie ihm bereiten, geduldig erträgt, wird reicher belohnt als der, der dies nicht tut."*[141]
   Überdies kann sich eine Frau je nach Gelegenheit an Wohltätigkeitsarbeiten beteiligen und Unterrichte in Moscheen besuchen. Außerdem sollte sie über die Lage der Muslime auf der Welt informiert sein und viele Bittgebete für sie sprechen, und ihre Nachbarinnen und Freundinnen zur Wohltätigkeit und zum rechten Weg animieren.
3. In ihrem Alltag sollte die Frau kleine Veränderungen durchführen, wie zum Beispiel eine Umstellung ihrer Ernährung.
4. Urlaub und Entspannung in bestimmten Zeitabständen sind ebenfalls von großer Bedeutung. Jemand, der sich nicht richtig erholt, ist unfähig, seine Arbeit ordnungsgemäß auszuführen. Gleichermaßen ist es wichtig, Familie und Verwandte zu besuchen. Diese Art von Unternehmungen verdrängen den Überdruss.

---

[141] Ibn Mājah, *Fitan,* 23.

5. Die Rezitation des Qur'āns, das Auswendiglernen von Versen, das tägliche Gedenken Allāhs ﷻ und das Sprechen von Bittgebeten dürfen im Leben eines Gläubigen nicht fehlen. Anschließend kann man die Kinder die Rezitation der Verse, die man auswendiggelernt hat, lehren und ihnen nützliche Geschichten aus dem Qur'ān erzählen.
6. Wenn der Mann das Schweigen vorzieht, sollte seine Ehefrau ihn nicht dazu drängen zu sprechen oder ihn mit Beschwerden über die Kinder überhäufen. Vielleicht denkt er in diesem Augenblick über eine wichtige Angelegenheit nach. Mit diesem Verhalten bringt sie ihren Mann um den Verstand. Deshalb sollte eine Frau Methoden bevorzugen, die sie für nützlich erachtet, um ihren Überdruss zu vertreiben. Während der Anwendung dieser Methoden sollte sie sich vergewissern, dass ihr Mann zu diesem Zeitpunkt nicht mit etwas anderem beschäftigt ist. Dabei sollte sie in einem ruhigen Ton sprechen und ihre Rede nicht unnötig in die Länge ziehen. Diese Methode wird sich im Aufbau des Gesprächs mit ihm als äußerst nützlich erweisen.
7. Zudem dürfen die Männer beim Sprechen nicht vergessen, liebevolle und lobende Worte gegenüber ihren Ehefrauen zu äußern. Denn Frauen haben stets das Bedürfnis, diese Art von Komplimenten zu hören.

11. Wenn der Mann über das Vermögen seiner Frau verfügen möchte

Ein Ehepaar, das ein ganzes Leben lang zusammen war und zehn Jahre im Ausland gearbeitet hatte, ließ sich scheiden. Als Folge der Scheidung wurde das vierjährige Kind sich selbst überlassen. Die Ursache der Scheidung war der Streit um das Geld, das die Frau jahrelang erarbeitet und gespart hatte.
Ungeachtet der Bedingungen und des diskutierten Themas ist es nicht richtig, der Ehe auf diese Weise ein Ende zu setzen. Zwar opfert die Frau einen Teil der Zeit, die ihrer Familie zusteht, jedoch ist es falsch, wenn der Mann über das Einkommen seiner Ehefrau verfügen will und es auf irgendeine Weise einfordert. Nach dem islamischen Recht ist eine Frau von der Pflicht der Versorgung ihrer Familie befreit. Sie ist nicht einmal für die Beschaffung ihrer eigenen Bedürfnisse verantwortlich. Dafür ist der Mann, der die Verantwortung für die Versorgung seiner Familie trägt, zuständig. Angesichts der schwierigen Lebensbedingungen sind viele Frauen mit der Erlaubnis des Ehemannes in die Arbeitswelt eingestiegen, um die Familie finanziell zu unterstützen. Demzufolge darf der Mann nicht über die Grenzen hinausgehen, indem er ihren gesamten Verdienst einfordert und ihre Anstrengungen ignoriert.

Dr. Hassan Hathout sagte in Bezug auf dieses Thema folgendes: „In der heutigen Zeit leistet die Frau ebenso einen Beitrag zur Familienkasse. Sicherlich rührt diese

Hilfe von ihrer Liebe und Hingabe gegenüber ihrer Familie her. Allerdings stellt die Berufstätigkeit der Frau keine gesetzliche Verpflichtung im Islām dar, wie sie dem Ehemann auferlegt wurde. Die Berufstätigkeit der Frau ist vielmehr ein freiwilliges Bemühen, wohingegen die Erwerbstätigkeit des Mannes zur Versorgung der Familie eine Pflicht ist. Nehmen wir an, dass ein Mann, der wenig bemittelt ist, mit einer wohlhabenden Frau verheiratet ist, aber dennoch besitzt er nicht das Recht, in Bezug auf die Sicherung des Lebensunterhalts der Familie Druck auf seine Frau auszuüben. Diese Angelegenheit ist eine Wirklichkeit des Islāms, die von vielen muslimischen Familien noch nicht verinnerlicht wurde. Der Grund hierfür kann Unwissenheit, Widerstand gegen diese Tatsache, oder die Verblendung der Gerechtigkeit durch die Ungerechtigkeit sein. Es gibt noch immer Männer, die glauben, dass sie sowohl ihre Ehefrauen als auch ihr Vermögen besitzen und demnach tun und lassen können, was sie wollen.

Tatsächlich gehört das der Frau zugesprochene Recht, über ihr Vermögen frei verfügen zu dürfen, zu den herausragenden Besonderheiten der Religion des Islāms. Gemäß den geltenden Vorschriften an einigen Orten Amerikas wird von den Banken und formellen Behörden die Unterschift des Ehemannes vorausgesetzt, wenn die Frau mit ihrem Vermögen eine finanzielle Transaktion durchführen möchte.

Das große Ausmaß der Unwissenheit über die Grundsätze des Islāms bereitet dem Menschen in der Tat ernsthafte Schwierigkeiten. Eine Ärztin erzählte einmal folgendes: Als ihr Ehemann zum Geschäftsführer der Praxis, in der sie tätig war, ernannt wurde, nutzte er diese Gelegenheit, um sich ihres gesamten Einkommens zu bemächtigen. War sie nicht seine Ehegattin?

Demnach stehen wir einem Problem gegenüber, dessen einzige Lösung in der Nachsicht, dem Respektieren der Rechte des anderen und der Befreiung von der eigenen Habgier liegt. Zur Vorbeugung dieses Problems sollte zu Beginn der Ehe eine Abmachung getroffen werden, inwieweit die Frau ihr erspartes Vermögen während der Ehe zur Verfügung stellen wird, d.h., inwieweit sie sich an den Ausgaben des Hauses beteiligen möchte. Und selbstverständlich sollte diese Abmachung auf der Grundlage von Nachsicht und Verständnis basieren.

In unserem Umfeld begegnen wir ebenso Männern, die über ausreichende finanzielle Mittel verfügen, um den Bedürfnissen der Familie nachzukommen, und das Vermögen ihrer Ehefrauen nicht anrühren und kein Verlangen danach hegen. Diese Art von Männern lassen ihre Ehefrauen frei über deren eigenes Vermögen verfügen, sie erlauben ihren Frauen, nach Belieben für das Haus und die Kinder Ausgaben zu tätigen.

Wenn die Berufstätigkeit der Frau dem Ehemann Unmut bereitet oder das Gleichgewicht zwischen der Arbeit der Frau und ihren Pflichten zu Hause nicht hergestellt werden konnte, so haben die Verantwortungen gegenüber ihrem Ehemann und ihren Kindern Vorrang. Wenn die Berufstätigkeit der Frau eine Notwendigkeit für die Sicherung des Lebensunterhalts ihrer Familie darstellt, sollte ihre Arbeit nach ihren Verantwortungen gegenüber ihrem Ehemann und ihren Kindern an zweiter Stelle stehen. In solchen Fällen, wenn die Frau verpflichtet ist zu arbeiten, muss der Mann großes Verständnis für die Situation seiner Frau haben und er darf nicht erwarten, dass zu Hause alles perfekt sein muss. Wenn ihre Berufstätigkeit zu keinerlei Problemen führt und der Ehemann ihr die Erlaubnis gegeben hat zu arbeiten, so gibt es nichts dagegen einzuwenden, wenn die Frau an geeigneten Arbeitsplätzen unter Frauen tätig ist. Solche Plätze eignen sich ideal als Arbeitsplatz für Frauen. Sobald die Frau begonnen hat, einer beruflichen Tätigkeit nachzugehen und ihr eigenes Einkommen zu verdienen, sollte sie sich in einem bestimmten Umfang an den Ausgaben für die Familie beteiligen und diesbezügliche Konflikte vermeiden. Denn das grundlegende Ziel besteht darin, dass die Ehe nicht von Geld und Berechnung, sondern von Liebe und Nachsicht dominiert wird. Ohne zwischen Mann und Frau zu unterscheiden, richtet sich dieser Ausdruck an all diejenigen, die im Grunde für den Zusammenhalt der Familie und die Erziehung der Kinder verantwortlich sind.

12. Wenn die Frau ständig unglücklich ist

Einmal tauchte plötzlich ein Mann bei uns auf, der die Situation zu Hause nicht mehr ertragen konnte. „Ich bin des Lebens überdrüssig, ich brauche Hilfe. Meine Frau ist unglücklich, deprimiert und weint ständig. Es genügt eine Kleinigkeit, um das ganze Haus in Sorge und Trauer zu versetzen. Ich verstehe nicht, wie sie so lange verdrossen herumsitzen kann. Sie streitet sich mit mir wegen jeder Kleinigkeit. Es gibt keinen einzigen glücklichen Moment, der sich nicht zu einem Moment der Trauer entwickelt.", klagte er. Seine Ehefrau antwortete auf die hilflosen Worte ihres Ehegatten wie folgt: „Was kann ich tun? Mein ganzes Leben vergeht mit der Hausarbeit und den Kindern. Dennoch ist mein Mann unzufrieden. Wäre es denn besser, wenn ich die Kinder hungrig und das Haus schmutzig lassen würde? Der Grund für meine Erschöpfung und Traurigkeit sind die Kinder. Mein älterer Sohn ist sehr bockig und rastet wegen jeder Kleinigkeit aus. Meine kleine Tochter isst im Verhältnis zu anderen Kindern nur wenig und ihr gesundheitlicher Zustand ist nicht gut. Wie kann ich in einer solchen Situation lachen und angesichts all dessen glücklich sein?"

Bevor wir die Lösung dieses Problems erörtern werden, erscheint es sinnvoll, die Eheleute daran zu erinnern, dass es in der Ehe bestimmte Phasen gibt, in denen Konflikte zunehmen können. Diese Phasen kommen vor allem in den Zeitabschnitten vor, wenn die Kinder noch unter fünf bis sechs Jahren sind. Denn Kinder in diesem Alter benötigen mehr Aufmerksamkeit und Fürsorge und haben häufiger Probleme.

Kinder in diesem Alter erwarten von ihren Familien, dass sie Geduld mit ihnen haben. Demnach sollten Mütter überaus geduldig im Umgang mit ihnen sein und darauf achten, dass ihre Beziehung mit ihrem Ehemann nicht unter den Problemen der Kinder leidet. Hierfür sollte sie aggressives Verhalten, ständiges Beschweren, Launenhaftigkeit und Wutausbrüche vermeiden.

In dem oben genannten Problem spielen gewisse psychische Faktoren eine Rolle. Manche Frauen leben in einem sehr problembelasteten Umfeld. Sie reagieren auf jedes Wort überaus empfindlich und deuten die Worte und Handlungen eines Menschen falsch. Diese charakterlichen Merkmale bilden häufig den Ausgangspunkt der Auseinandersetzungen. Wir empfehlen diesen Frauen folgendes: Haltet euch nicht selbst gefangen in der Traurigkeit, denn manchmal rufen wir das Gefühl der Traurigkeit selbst hervor. Sucht nicht nach den Gründen der Traurigkeit und konzentriert euch nicht allzu sehr auf die Mängel. Denn solche Mängel kommen überall vor und euer Ehegatte besitzt auch, so wie jeder andere Mensch, gewisse Mängel. So wie in jeder Ehe, wird es auch in eurer Ehe Auseinandersetzungen geben. So entledigt euch nicht des Gedankens, eurem Ehegatten ein warmes und herzliches Lächeln zu schenken, und verinnerlicht stets diesen Hadīth: *„Drei Dinge gehören zu den Freuden (des Lebens): Eine rechtschaffene Frau; wenn du sie anschaust, gefällt* *sie dir, wenn du abwesend bist, passt sie auf sich selber und dein Eigentum auf; ... Und drei Dinge gehören zur Trübsal: Eine Frau, die dich traurig macht, wenn du sie anschaust, die dich kränkt, wenn sie spricht, und der du nicht vertraust in Bezug auf den Schutz deiner Ehre und deines Besitzes, wenn du abwesend bist..."*[142]

Seid also Frauen, die ihren Ehemann zufrieden machen, wenn er sie anschaut. Schaut ihn nicht mit einem verdrossenen Gesichtsausdruck an, indem ihr eure Augenbrauen zusammenzieht und böse guckt.

Natürlich bedeutet das nicht, dass ihr gekünstelt lächeln sollt. Denn nur ein Lächeln, das von Herzen kommt, kann zum Herzen gelangen, wohingegen ein Lächeln, das nur im Gesicht vorhanden ist, nicht darüber hinaus geht. Seid ernsthaft bestrebt, die Zufriedenheit eures Mannes zu erreichen und euch von diesen lasterhaften Verhaltensweisen zu befreien. Bedenkt immer, dass man sich manche der charakterlichen Merkmale erst später angeeignet hat. Die Umformung dieser Merkmale zu guten Eigenschaften kann mit der Erlaubnis Allāhs ﷻ und etwas Zeit gelingen.

Zudem raten wir den Männern, geduldig im Umgang mit ihren Ehefrauen zu sein und ohne Nachdruck, Kritik und Härte sie mit Geduld und guter Ermahnung zu unterstützen.

---

[142] Siehe für Hadīth mit ähnlichem Wortlaut bei an-Nasā'ī, *Nikāh,* 14.

Ferner sollten sie stets Allāh عز وجل darum bitten, ihren Frauen die Ablegung der schlechten Verhaltensweisen zu erleichtern. Gewiss wird Allāh عز وجل ihren Zustand verbessern. Die Anstrengungen der Männer im Guten, sowie ihre Bindung an die Befehle Allāhs ﷻ stellen wichtige Faktoren in der Besserung ihrer Ehegattinnen dar.

Allāh, der Erhabene, sagt im Qur'ān über Zakariyya (as): ***„Da erhörten Wir ihn und schenkten ihm Yahya und besserten ihm seine Gattin. Sie pflegten sich ja mit den guten Dingen zu beeilen und Uns in Begehren und Ehrfurcht anzurufen, und sie pflegten vor Uns demütig zu sein."***[143] In Bezug auf die Bedeutung dieses Verses sagte Atā (rh): „Die Frau von Zakariyya (as) war eine redselige Frau. Allāh عز وجل änderte ihren Zustand."[144]

Zum Schluss möchten wir den Frauen raten, dass sie nicht zulassen dürfen, dass die Probleme mit den Kindern und des Alltags ihr Leben einengen. Vergesst nicht, dass nicht nur sogenannte Problemkinder, sondern wie bereits erwähnt wurde, alle Kinder gleichermaßen von ihren Eltern Geduld und Ausdauer im Umgang mit ihnen erwarten.

---

143 Al-Anbiyā', 21:90.

144 Ibn Kathīr, *Tafsīr al-Qur'ān al-'Aẓīm,* Kairo, 2000, 9/439. In dem fünften Vers der Sure Maryam steht, dass die Frau von Zakariyya (as) unfruchtbar war. Demnach bedeutet die Besserung seiner Frau, dass aus ihr eine gebärfähige Frau wurde. Ibn Kathīr (rh) führte in Bezug auf diesen Vers diese Bedeutung an erster Stelle an. (Anmerkung des türkischen Übersetzers)

V. 55 Ratschläge von Psychologen, Experten und erfahrenen Leuten zur Bewältigung von ehelichen Konflikten

1. Bedenke, dass kurzweilige Trennungen[145] den Ehebund stärken, wohingegen langfristige Trennungen zerstörerisch sind.
2. Versuche den Charakter und die Persönlichkeit deines/r Partners/in zu verstehen. Dies wird euch zu einem bewussten und verständnisvollen Umgang miteinander und einem stabilen Verhältnis zueinander verhelfen.
3. Löst eure Konflikte sofort und schiebt sie nicht hinaus.
4. Vermeide Gespräche über frühere Erlebnisse oder Ex-Verlobte oder Ex-Partner.[146]
5. Sei nicht idealistisch, orientiere dich an einem normalen Lebensstandard und erwarte keine außergewöhnlichen Situationen.
6. Drücke bei jeder Gelegenheit deine Gefühle gegenüber deinem/r Partner/in aus.
7. Besiege die unangebrachten Sorgen und Bedenken in deinem Inneren und sei immer freundlich, heiter und optimistisch.

---

[145] Hiermit sind obligatorische Abwesenheiten gemeint, wie z.B. Geschäftsreisen. Unter Trennung ist hier also keine Scheidung zu verstehen. (Anmerkung des türkischen Übersetzers)

[146] Verlobungen und Ehen in der Vergangenheit dürfen vor dem/r Partner/in nicht verheimlicht werden. Vielmehr zielt der Autor an dieser Stelle auf das Thematisieren bestimmter Eigenschaften des/r Ex-Verlobten oder Ex-Partners/in oder gemeinsamer Erlebnisse ab. (Anmerkung des türkischen Übersetzers)

8. Kritisiere deine/n Partner/in nicht in jeder großen und kleinen Sache und verhalte dich nicht grob und verletzend.
9. Eifersucht und Misstrauen sind eure Feinde. Vermeide also Verdächtigungen und Argwohn, und handle der Wirklichkeit entsprechend.
10. Baue Vertrauen zu deinem/r Partner/in und zu dir selbst auf und vertraue deinem/r Lebensgefährten/in. Versuche deinem/r Partner/in Selbstvertrauen zu geben.
11. Um glücklich zu sein, genügt es nicht, den richtigen Menschen zu heiraten. Sei du ebenso der/die Richtige.
12. Lege wert auf die Sauberkeit, die zu den Anzeichen des Glaubens und der Liebe gehört.
13. Gewöhne dir bestimmte Eigenschaften, die du als ein Teil von dir selbst betrachtest, ab. Auf diese Weise wird es deinem/r Partner/in leichter fallen, von deinen guten Eigenschaften zu profitieren.
14. Kümmere dich um die Angelegenheiten deines/r Partners/in, so wie du dich um deine eigenen Angelegenheiten bemühst, und wünsche für deine/n Partner/in das, was du für dich selbst liebst und wünschst.
15. Gewöhne dich an das Geben, so wie du das Nehmen gewohnt bist. Sei nicht jemand, der mehr als das Gegebene fordert, oder ein Egoist, der alles besitzt und nichts davon teilt.
16. Ein Mann erwartet von seiner Frau, dass sie ihn gut behandelt, ihn ihre Liebe und Warmherzigkeit fühlen lässt und ihn wertschätzt. Die Frau hingegen erwartet

von ihrem Mann, dass er vertrauenswürdig und stark ist, ihre Bedürfnisse erfüllt und ihr versichert, die erste und letzte Frau in seinem Leben zu sein.

17. Hör auf, jedes Mal dem anderen die Schuld zu zuweisen. Versuche, das Problem auf gerechte Weise zu lösen.
18. Konzentriere dich auf den heutigen Tag, sorge dich nicht um die morgigen Probleme und gib entsprechend von den dir zur Verfügung stehenden Mitteln aus.
19. Mache dir die wichtige Bedeutung der Ehe bewusst und verstehe, dass sie (die Ehe) ein starker Bund ist. Überdenke mehrmals deine Schritte, bevor du sie gehst, denn die späte Reue wird keinerlei Nutzen haben.
20. Obwohl die Liebe wichtig und notwendig in einer Ehe ist, vertraue nicht allein auf sie (die Liebe).
21. Sei ein Vorbild mit deinem Verhalten gegenüber deinem/r Partner/in. Nicht deine Worte sollen deine Persönlichkeit darlegen, sondern dein Verhalten.
22. Versucht möglichst eure Konflikte untereinander zu lösen und gebt euren Verwandten und Bekannten nicht die Gelegenheit, sich in eure Probleme einzumischen.
23. Besonders Frauen müssen in Bezug auf bestimmte Freunde, die sich mit der Behauptung, einen Rat erteilen und den richtigen Weg weisen zu wollen, in Wahrheit in ihr Leben einmischen wollen, achtsam sein.
24. Verbessere nicht sofort jeden Fehler, den dein/e Partner/in macht. Denn die Änderung mancher

Gewohnheiten braucht eine lange Zeit. Vermeide es, kleine Fehler zu verkomplizieren.

25. Die Folgen der Ehe und ihre Verantwortungen müssen mit Leichtigkeit und Aufrichtigkeit akzeptiert werden.
26. Meide soweit es geht jene Angelegenheiten, welche Streit zwischen euch verursachen, und versetze deine/n Partner/in nicht in eine schwierige Lage.
27. Unternehmt gemeinsam etwas. Eure gemeinsamen Erlebnisse dienen später als Erinnerung an eine schöne Zeit und lassen euch einander nähernkommen.
28. Ermögliche deinem/r Partner/in, sich frei auszudrücken und seine/ihre Fähigkeiten herauszufinden. Unterschätze nicht seine/ihre körperliche Kraft und Kompetenzen.
29. Gewisse materielle Rechte müssen zugestanden werden. Es darf in solchen Angelegenheiten keine Nachlässigkeit geben. Denn finanzielle Probleme gehören zu den Hauptursachen von ehelichen Konflikten.
30. Beschränke eure Diskussionen auf einen engen Rahmen und verhindere die Ausweitung des Problems, halte die Situation unter Kontrolle.
31. Erlaube es niemandem, sich in euer Leben einzumischen, und lasse dir dies nicht zuschulden kommen. Hüte die Geheimnisse deines Zuhauses und verrate sie weder Freunden noch deinen Verwandten.
32. Lasse deine/n Ehepartner/in fühlen, dass er/sie diejenige Person ist, die du schon immer heiraten wolltest, dass er/sie einen hervorragenden Charakter

besitzt, und dass du stolz auf ihn/sie und seine/ihre Persönlichkeit bist.

33. Lasse deine/n Ehepartner/in nicht an deinen Sorgen teilhaben, versuche sie möglichst eigenständig zu überwinden. Doch vergiss ihn/sie nicht in deinen glücklichen Momenten, teile dein Glück mit ihm/ihr.

34. Sobald es zum Streit zwischen euch kommt, denke an seine/ihre positiven Seiten und lasse es nicht zu, dass einige seiner/ihrer negativen Seiten deine Gedanken bestimmen. Wenn seine/ihre Schlechtigkeiten deine Gedanken beherrschen sollten, wirst du viele seiner/ihrer Annehmlichkeiten und unterscheidenden Merkmale nicht wahrnehmen.

35. Stelle dir die folgenden Fragen, um die unterscheidenden Merkmale deines/r Ehepartners/in herauszufinden und eure Probleme erfolgreich zu bewältigen:

- Welche Seiten gefallen euch beiden am Gegenüber gut?
- Gab es gemeinsame Erlebnisse, die euch glücklich gemacht haben?
- Gibt es sinnvolle Aktivitäten, denen ihr derzeit gemeinsam nachgeht?
- Wie zeigst du deinem/r Ehepartner/in, dass er/sie dir etwas bedeutet?
- Wie sollte deinen Erwartungen nach dein/e Ehepartner/in dich fühlen lassen, dass er/sie dich liebt und wertschätzt?
- Was plant ihr zusammen für die Zukunft?

36. Vermeide in euren Auseinandersetzungen verletzende Ausdrücke, die deine/n Ehepartner/in zu falschen und nachteiligen Verhaltensweisen verleiten könnten.

37. Mache es auf der Grundlage des Hadīths *„Beschenkt euch gegenseitig, so liebt ihr einander."*[147], zur Tradition, euch an fröhlichen und freudigen Tagen zu beschenken.

38. Eine kluge Frau wählt einen geeigneten Zeitpunkt aus, um sowohl ihre Wünsche als auch die der Kinder, sowie ihre Meinung über bestimmte Verhaltensweisen des Mannes ihm gegenüber zu äußern. Denn manchmal tut sie dies in einem unpassenden Moment. Demnach sollte sie ihr Vorhaben stets überdenken.

39. Ausdrücke wie „mein Wert" oder „mein Rang" sind Worte, die der Shaytān in die Herzen der Eheleute wirft, sobald ein Konflikt entsteht. In solchen Momenten versucht der Shaytān jedem Einzelnen den Gedanken der Fehlerlosigkeit einzureden, um beide Seiten von der Versöhnung abzuhalten.

40. Ignoriere die Anwesenheit deines/r Ehepartners/in nicht. Die gegenseitige Beratung ist in der Ehe außerordentlich wichtig. Jeder Einzelne muss sich bewusst sein, dass die Ehe ein Teil des Lebens ist und nicht vernachlässigt werden darf.

41. Verlasse angesichts der Probleme nicht das Haus. Denn die Flucht vor Problemen ist keine Lösung. Jedoch besteht kein Problem darin, wenn die

---

[147] *Al-Muwatta'*, *„Husn al-Khuluq"*, 16; *Musnad*, II/405. In der Fortsetzung des Hadīths wird berichtet, dass das Beschenken die Verdrossenheit aus der Brust eines Menschen entfernt. (Anmerkung des türkischen Übersetzers)

Konfliktlösung nach einer kurzen Beruhigungsphase folgt.

42. Bedränge deine/n Ehepartner/in nicht mit Fragen über Themen, die dich nichts angehen, und bemühe dich nicht, um gewisse Dinge, die dein/e Ehepartner/in nicht preisgeben möchte, zu erfahren. Ansonsten könnte er/sie auf die Idee kommen, das Haus zu verlassen und woanders zur Ruhe zu kommen.

43. Ziehe dich nicht von deinem/r Ehepartner/in zurück, indem du dich in eine Ecke setzt, wo nur du alleine sitzen kannst. Versuche dem entgegen dein alltägliches Leben möglichst viel mit ihm/ihr zu teilen.

44. Berufstätige Frauen dürfen nicht vergessen, dass ihre Verantwortung für das Haus vorrangig ist. Außerdem müssen sie versuchen, ein Gleichgewicht zwischen den Bedingungen ihrer Arbeit und ihren Verantwortungen zu Hause herzustellen.

45. Heiße die Familie deines/r Ehepartners/in willkommen, wenn sie euch besuchen kommt, und sei ein großzügiger, gastfreundlicher und herzlicher Mensch. Sei dir bewusst, dass dein/e Ehepartner/in dich auf diese Weise wertschätzen und seine/ihre Bindung zu dir zunehmen wird.

46. Behandle deine Schwiegermutter gut und rufe sie mit einem Namen, den sie in der Familie gerne hört. Diskutiere auf keinen Fall mit ihr. Denn bedenke, dass in ihren Augen stets ihr Kind im Recht ist.

47. Nimm Rücksicht auf deine Nachbarn, so wie es der Prophet ﷺ befohlen hatte. Erweise ihnen Wohltaten,

ermutige sie zur Anbetung Allāhs ﷻ und sei sowohl in guten als auch in schlechten Zeiten für sie da.

48. Wenn die Meinungen ständig in Konflikt geraten, führt dies in der Regel zur Uneinigkeit der Herzen. Aus diesem Grund solltest du versuchen, manche Ansichten deines/r Ehepartners/in zu teilen, selbst dann, wenn du nicht überzeugt bist.

49. Die Ruhe, welche die Eheleute hin und wieder zu Hause benötigen, kann durch die Beschäftigung der Kinder mit Spielen wie Puzzles, die zur Entwicklung ihrer geistigen Fähigkeiten beitragen, erlangt werden.

50. Eure Kinder sind die größte Gabe. So wandle diese Gabe nicht in einen Grund für Peinigung und Strafe um, indem ihr sie vernachlässigt, schlecht erzieht und sie aufgrund einer Beschäftigung sich selbst überlasst.

51. Lies Bücher über Kinderpsychologie. Somit kannst du Wissen erwerben über Themen, wie der richtige Umgang mit Kindern, Faktoren, welche die Psyche des Kindes beeinträchtigen, Schutz des Kindes vor psychischen Krisen.

52. Unterstütze deine/n Ehepartner/in in den Handlungen der Anbetung (*'Ibādāt*). Sehne dich nach dem Jenseits, so wie du dich nach dem Diesseits sehnst.

53. Die Verschwendung (*Isrāf*) ist eine Tat, welche die Ehe zerstört und die Gaben Allāhs ﷻ verringert. Und Allāh ﷻ mag diejenigen nicht, die nicht maßhalten. Demnach halte Maß, auf dass du nicht abhängig von anderen wirst.

54. Die Führung einer glücklichen Ehe bedeutet nicht, dass dir innerhalb der Ehe keine Probleme widerfahren werden. Vielmehr deutet sie (die glückliche Ehe) auf eure Fähigkeit hin, eure Probleme zu bewältigen und unwirksam zu machen, sowie eurer Beziehung nicht zu schaden.

55. Vermeide es insbesondere vor euren Kindern, mit erhobener Stimme zu diskutieren. Denn in erster Linie lernen sie anhand von Vorbildern und Nachahmungen. Wenn sie Zeugen von solchen Auseinandersetzungen sind, werden sich diese in ihren Verstand fest eingravieren und später ihre Auswirkungen zeigen.

Folgende Werke wurden bereits veröffentlicht:

Abu Hanifa – Leben und Werk des ehrenhaften Großgelehrten

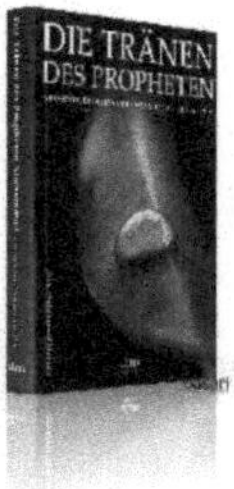

Die Tränen des Propheten

Das Lächeln des Propheten

Das Gebet eines Gläubigen im Quran und in der Sunnah

Adab - Regeln des Benehmens

Was macht mich zu einem Muslim

Wie lädt man ein zum Islam?

Die Jugend und die islamische Veränderung

Abfallende vom Weg der Da'wa

Der Jihad gegen das Nafs

Das Istikhara Gebet

Der Schutz vor Ayn, Jinn, Sihr

Dschamal – Eine Reise durch den Higaz (Kinderpappbilderbuch)

Warum soll ich denn beten? (Kinderpappbilderbuch)

Das Buch des Universums - Kitab ut Tauhid im Lichte des Universums mit Beweisen aus dem Quran

Die Oasen des Imans

Warum wurdest du erschaffen?

Tarbiyatun Nafs - Das Reinigen der Seele

Die Saat einer rechtschaffenen Muslima

Die Reise des Menschen

Amanet und Ahliyet (Fiqh Ilmihal 2 Bändig)

Talimulm Muteallim

Az Zuhd

Wie entflieht man den Sünden

Kindererziehung nach der Methode des Propheten (sallallahu alayhi wa sallam)

57 Wege, die in das Herz deines Mannes führen

52 Wege, die in das Herz deiner Frau führen

Männer um den Gesandten - Umfangreiche Erzählungen aus dem Leben von 60 Sahaba

Rizq - 17 Wege zur Vermehrung der Versorgung

Das Leben von Muhammed (sas) in seiner Vorgehensweise als Prophet

Notizen: